ふつうの相談

東畑開人

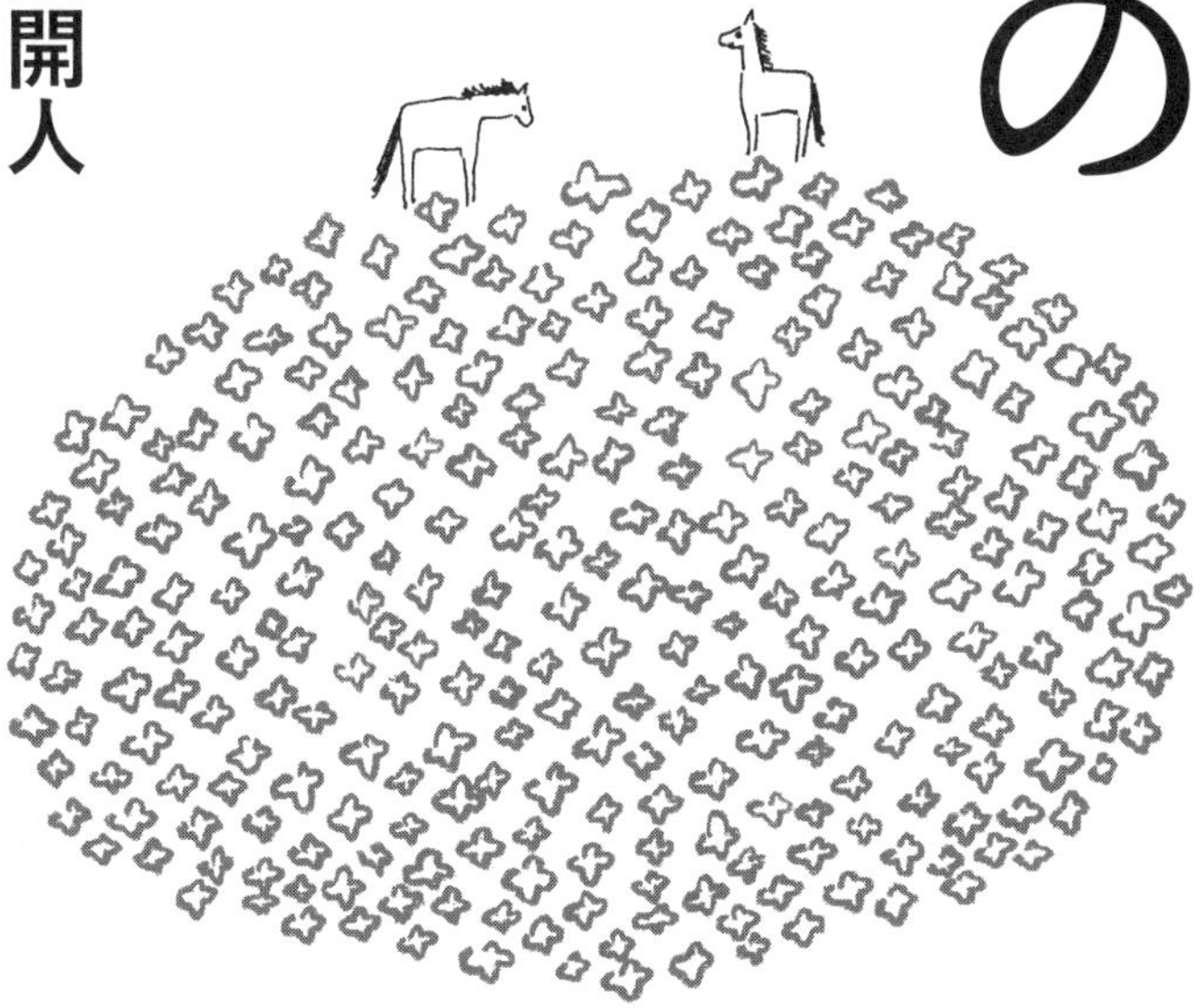

金剛出版

何でも話せる友人が一人いるかいないかが、実際上、精神病発病時においてその人の予後を決定するといってよいくらいだと、私はかねがね思っている。

（中井久夫『治療文化論』）

ふつうの相談　目次

まえがき――心理療法論、友人論

最初は小さな論文になるはずだった。心理療法についてのある論文集に「一万字程度で」と依頼されて、書き始めたものだったからだ。

だけど、書き始めてみると、序論だけで一万字近くなり、その後、二万字、四万字、六万字と際限なく長くなっていった。その都度、その論文集の編者と編集者には報告を入れ、相談をしてはいたのだが、結局止めることはできなかった。

手応えがあったからだ。この壁を、「ふつうの相談」という一点で、このままカンカンカンカンとノミで穿《うが》ち続ければ、きっと小さな穴が空くはずだ。そういう予感に突き動かされていたから、途中で切り上げることはできなかった。半年ほどの間、毎朝文章を書き続け、ふと浮かんでくる下手な図を描き続けた。

終わってみれば、七万字を超える分量になっていて、その論文集にはとても収録できなかったから、編者と編集者に再度相談して、小さな本として世に出すことにさせてもらった。

＊

いや、字数だけの問題ではなかったのだろう。

学術論文の宛先は同じ業界の専門家たちに限られるが（基本的には）、本の場合はすべての人々が宛先となる。書店で自由に買えて、図書館で誰でも借りられるとは、そういうことだ。

この論文の場合、第一の宛先はもちろん、私の所属している臨床心理学コミュニティにあった。この三十年の臨床心理学、とりわけ心理療法論の伝統に対するオブジェクション（あるいはオルタナティブ）として、私は「ふつうの相談」を語ろうとしていた。それは間違いない。

だけど、「ふつうの相談」というテーマは、その本性上、心理療法論の範疇《はんちゅう》には収まりきらない。それは私たちが専門家として日々取り組んでいる営みであると同時に、非専門家である素人たちが友人や家族、同僚との間で膨大に交わし合っている日常的なケアの営みでもあるからだ。

この論文は心理療法論でもあり、友人論でもあったということだ。心理療法と友人という一見遠く離れたものを、医療人類学のまなざしのもとに置くことで、同一直線上に、同じ平面に、あるいはひとつの球体の中に見る。すると、専門家と素人がグラデーションをなしているのが見え、そこには心理士だけではなく、看護師やソーシャルワーカー、ピアサポーター、医師、介護士、教師などのさまざまな対人支援職が星のように瞬いているのが見える。

この視野から、私は「心の臨床とは何か」「対人支援とは何か」を考えようとしていたのである。そう、私は不遜にも対人支援の一般理論を目指していて、これに最後は「球体の臨床学」という名前を与えた。

＊

この論文が本になることには必然性があったということだ。私は臨床心理学コミュニティとはまた別に、三つの宛先に向けて、この論文を書いていた。

誰が宛先だったのか？

最初に、さまざまな現場で対人支援の仕事をしているさまざまな専門家たちが宛先であった。「ふつうの相談」とは、いわゆるカウンセリングのように個室に二人でなされるものだけを言うのではなく、廊下での立ち話や、用具倉庫の片隅でのひそひそ話、詰め所や職員室で交わされる職員同士の愚痴や世間話を含むものである。そのような日々の臨床的コミュニケーションに宿るケアの力とはいかなるものかが、この論文では問われている。

次に、人文学や社会科学の分野で、メンタルヘルスやケアに関心をもつ読者たちも宛先としていた。ここまで述べてきたように、この論文ではさまざまな場所でなされる、さまざまな次元のケアを俯瞰して、比較検討する。そのために、私が導入したのは医療人類学の視点である。心の臨床をメタに見て、社会的な文脈から考察するという方法がとられたということだ。人類学、社会学、哲学、宗教学、政治学、経済学、ジェンダースタディーズなどで積み重ねられてきた「心と社会」をめぐる学際的伝統の末尾に本論文も置かれてほしいと願っている。

そして、最後に「素人」たちだ。つまり、日々の生活でケアしたり、されたりしながら暮らしている一般市民に向けて、ふつうに相談することが、そしてふつうに相談に乗ることが、心にとっていかなる治療的意味をもつのかを書いた。これがこの本を「友人論」と言ったことの意味である。

*

これから私は臨床心理学を取り囲んでいる壁を打っていく。「ふつうの相談」という一点を、ノミでカンカンカンカンと打っていく。

最初は臨床心理学の狭い文脈から始めることになる。もしかしたら専門外の読者にとっては退屈かもしれない。その場合は読み飛ばしてもらっても構わない。次に第1部で私の臨床の具体的な風景を描き、その後の第2部からは、より広い人類学的な景色へと話は進んでいく。

壁を穿つ。この三十年で高度に専門化し、城塞のように自らを鎧《よろ》った臨床心理学を穿つ。塗装がボロボロと剝がれ落ちて、最後の最後には、わずかばかりかもしれないが小さな穴が空くはずだ。

その穴を通って、風が通るようになったならば、成功だ。従来隔絶されがちだった「専門家と素人」の間に、「自職種と他職種」の間に、「臨床心理学と人文社会科学」の間に、そして「心と社会」の間に、言葉が行き交うことを目指して、この論文は書かれた。「ふつうの相談」について書くとはそういうことだ。

人は人を必要とする。

人間にとって根源的なこの事実について考えることが、「ふつうの相談」について考えることなのだ。

「ふつうの相談」はみんなのものである。みんなで考えるべきものだ。だからこそ、みんなが議論に参加できるように、臨床心理学の範疇を超えて、外側へと開かれた穴を空けねばならない。

そう思って、この論文は書かれた。

さあ、宛先にちゃんと届くのだろうか。

早速始めてみよう。

ふつうの相談

形態・構造・位置

序論

1　三つの風景

三つの風景から始めよう。今から私たちが探求を行うものについて、まずはイメージを共有しておきたい。

風景1　昼食後の静かなデイケア、用具倉庫にて

のっぽの青年とクマのような男性看護師がヒソヒソと話をしている。「統合失調症」と診断を受けている彼は深刻な表情で、しかし訥々《とつとつ》と言う。

「最近、またエロいことばかり考えてしまいます」

スポーツ用品が雑然としている棚から卓球ラケットの籠を引っ張り出した看護師

は答える。

「そういうことを考えちゃう年頃だよな」

「……おかしくなりそうです」

「考えすぎないように……って言われても、難しいよな」

「はい」しばし沈黙になる。

看護師は少し明るい声を出す。「でも、今回あらかじめ言ってくれたのは大きいと思うぞ」

「前のとき、大変になったから」

「そうだよな、自分のことをちゃんと見られるようになってるな」

「はい、そうかもしれないです」

「また小まめにどうなってるか教えてな、一緒に様子を見ていこう」

「ありがとうございます」

「ラケット運ぶの手伝ってくれるか?」

「わかりました」

話は終わり、二人は午後の活動に向けて準備を始める。

風景2　女子大の昼休み、研究室にて

　ノックの音がするので「どうぞ」と言うと、目元まで前髪が伸びた女子学生が入ってくる。彼女はソファに座り、背負っていた大きなリュックを床に置く。私はコンビニの冷やし中華を掻きこみながら尋ねる。

「大学、どんな感じ？」

　彼女は苦しそうに、授業に行けてないこと、大学に通う意味がわからないこと、人が怖いことを語る。

「退学したいと思って、相談に来ました」

「うーん、そうか」

　私が日々の様子を尋ねると、夜は眠れず、食生活もおかしくなっているという。

「病院行ってる？」

「行ったことないです」

「そうか、これはさ、僕の個人的な意見なんだけど」と前置きをして、今ひどく調子が悪いと思うこと、調子が悪いときに必要なのは人生の決断ではなく、治療と休養であることを伝える。

「ひとまずさ、休学したらどうだろう?」

彼女は戸惑う。「でも、学費がかかるから……親に悪い」

親との関係にいろいろな難しさを抱えていることを知る。でも、そのことには触れずに伝える。

「うちの大学は休学中はお金かからないよ」

彼女はハッとして、肩の力が抜ける。

「考えてみます」

それから病院の探し方や家族への伝え方を話し合うと、昼休みが終わろうとしている。

「またどうなったか、LINEでもいいから連絡してよ」

面談を切り上げる。

「はい、わかりました」

彼女は重たそうなリュックを背負って帰っていく。

風景3　平日の昼下がり、東京のカウンセリングルームにて

三週間に一度のカウンセリングなのだが、前回は彼女がコロナに感染したため、ひと月半ぶりの面接。

「急にキャンセルしてほんとにすいません」

「実は僕もかかりました、死ぬかと思った」と伝えると、笑う。

彼女はノートを取り出し、一家でコロナ感染中に比較的症状の軽かった高校生の長男が、さまざまな家事を手伝ってくれたことを報告する。

「意外ですね、いいとこあるじゃないですか」と私は驚く。

「でも、そのあと夫と息子は言い争いになっちゃって、今はまた一言も口をきいてくれなくなりました」

沈痛な面持ちになる。夫が職場で不遇であることによってストレスがかかっていることや、息子が彼女には少しだけ心を開いていることについて話し合っていると時間になる。

終わり際に「ああ、嫌になっちゃいます」と彼女はどこかぶっきらぼうに弱音を吐く。辛いのだろう、と思い励ましたくなる。

「本当ですよ、気分転換に何か贅沢した方がいいんじゃないですか？」

「実はこのあと、デパートに行く予定です」

私は笑ってしまう。

「いいじゃないですか、高いもの買うと元気出ますよ」

彼女も笑う。

また三週間後と約束をして、面接を終わる。

さまざまな現場で交わされている日常的な相談の風景だ。もちろん、対話のなされ方は一律ではない。シチュエーションによって、あるいはそのとき私たちが担っている役割によって、相談の形は千変万化することだろう。それでも、そこには共通して響いている通奏低音のようなものがある。

この響きを本論では「ふつうの相談」と呼びたい。それは心理療法の教科書や専門書には書かれていないけど、誰もが本当は実践している相談のことだ。日々の臨床に溢れているのに、名前を与えられることもなく、その価値を見過ごされてきた対人援助のことだ。心理士のみならず、医師や看護師、教師やソーシャルワーカーなどすべての支援職、いやそれだけではなく、家族や同僚、友人たちの間でも交わされている「ありふれたケア」のことである。

ふつうの相談とは何か。それはいかなる形をしていて、いかなる構造によって成り立っているのだろうか。これが本論の問いである。

長い論文になるはずだ。従来の臨床心理学において、構造上、盲点となってきたところにふつうの相談は存在しているからだ。ふつうの相談をきちんと見えるものにするためには、これまでの心理療法論全体を転覆させねばならない。そのために私たちは長い道を着実に歩んでいく必要がある。これを説明するところから始めよう。

2　学派的心理療法論と現場的心理療法論

まずは大枠の問題設定を確認しておきたい。臨床心理学の歴史を振り返ってみるならば、相談についての専門的な議論は「心理療法論」として積み重ねられてきたことがわかる。苦悩を抱えた人にいかに関わるのがよいのか、そしてそのことでいかなる変化が引き起こされるのかをめぐる思索の集積である。

これを大きく二つに分けることができる。ひとつが学派的心理療法論。精神分析・ユング心理学・認知行動療法・人間性心理学・家族療法など、それぞれの学派は「精神分析とはこういうものである」「認知行動療法はこのようにして実践される」と自らの規範を呈示してきた。あえて引用する必要もないだろう。書店の「精神分析」とか「認知行動療法」の棚に行けば、教科書や入門書がズラリと並んでいるし、大学院の授業で教えられているのもこれだ。

その特徴は体系性にある。学派には一貫した心理学理論があり、フォーマットとなる技法があり、そしてそれを習得するための訓練システムがある。学派的心理療法論は同一化を要求する。その思想と実践を体系的にインストールできると、資格とメンバーシップが与えられる。逆に、逸脱は厳しく取り締まられる。それが学派の凝集性を維持する。ただし、学派は決して硬直したものではない。精神分析の訓練機関をフィールドワークしたデイビス[1]が示したように、正統的ヒエラルキーによって周縁化された人々は、異議申し立てとして新たな学派を創設する。このダイナミズムによって学派に盛衰がもたらされ、新陳代謝がなされる。いずれにせよ、学派的心理療法論とは心理療法の理念型や規範を呈示するものだと言えよう。

もうひとつが現場的心理療法論である。こちらにも長い蓄積がある。学派的規範は多くの場合、そのままでは現場で実践できないから、臨床家たちはさまざまな工夫をこらさねばならない。そのようにして構築されたのがそれぞれの現場に適した心理療法論である。

代表的なものとして、笠原[2]の「小精神療法」や村瀬[3]の「統合的心理療法」を挙げることができる。前者は、精神分析や森田療法のような「大精神療法」は軽症うつ病の外来診察には合わないという認識から提唱された支持的な要素を散りばめた診察法であり、後者は、学派的規範に拘泥《こうでい》することなく、現場のニーズやクライエントの生活に合わせて援助を組み立てることを主張するものである。あるいは、神田橋[4]や成田[5]のように、著名な治療者が自らの臨床経験から抽出したコツや勘所を示した著作を挙げてもいいし、祖父江・細澤[6]の「日常臨床に活かす精神分析」シリーズのように、それぞれの現場でいかに学派的心理療法論を応用していくかを分担執筆で描いた本もここに入る。実際、「〇〇現場で活かす〇〇療法」という本は学派を問わず無限に出版され続けている。

現場的心理療法論の特徴は折衷性にある。私はそれを「ありふれた心理療法」と呼び、さまざまな学派の要素が現場のニーズに応じて混淆《こんこう》していくことを示した。[7]ここにあるのは理念型ではなく、現実的な妥協の肯定である。学派的心理療法論に同一化しきれない現場の臨床を肯定的に描き、市井《しせい》の臨床家をエンパワーするのが現場的心理療法論の本懐だということだ。

どちらが正しいということではない。学派的心理療法論と現場的心理療法論は双子である。臨床心理学や精神医学の歴史を振り返ってみるならば、常にこの二つの勢力がせめぎ合ってきたことが見て取れるはずだ。学派的規範を強調する人たちがいて、それに対する現場的工夫を唱える人たちがいる。この応酬が私たちの学問に理論と実践の緊張をもたらし、臨床を豊かなものにしてきたのである。

ならば、本論のテーマであるふつうの相談はこの構図のどこに位置するのか。もちろん、現場的心理療法論に含まれる。ただし、その中でも一番エッジのところに置かれるのが重要だ。ふつうの相談は専門性が失われ、素人性へと置き換えられていく汽水域に生息している。それは半端ものであり、素人臭い。ただし、この素人性を見くびってはいけない。専門性と素人性、それは心の臨床をめぐる根源的問題なのである。

とはいえ、それはここではひとまずおいて、議論を前に進めたい。ふつうの相談の位置を明確にするために、二つの心理療法論がいかなる関係にあるのかを見てみよう。

3　冶金《やきん》スキーム

学派的心理療法論と現場的心理療法論の葛藤、あるいは緊張関係については、心理療法文化の草創期から問題とされてきた。フロイト[8]はこれを「純金」と「合金」に喩《たと》えた。フルセットの正統な精神分析を「純金」とし、現場の要請から他の要素が入り混じった心理療法を「合金」と呼んだのである。

金属の加工をめぐるこの冶金的なメタファーは臨床家の直観に響くものだったのだろ

う。その後も臨床を理解するための参照枠として引き継がれていった。たとえば、北山[9]はこれを文化論に応用して、日本における精神分析の変形を合金として肯定的に評価した。北山の仕事を私は人類学的な枠組みの下で捉え直し、「ありふれた心理療法」が治療者とクライエントの間で行われる抵抗と交渉によって生じるものとした[10]。この治金的な想像力をよりシンプルに示しているのが、サポーティブ・サイコセラピーを論じるピンスカー[11]である。彼の示した以下の図❶を見てほしい。

ピンスカーは右端に「表出」を原理とする純金の精神分析を置き、左端に「支持」を原理とするサポーティブ関係を置く。その間にカウンセリング、サポーティブ・セラピーなどをグラデーションとして配置する。ここにたとえば精神分析的サポーティブセラピー（POST）[12]や短期力動療法[13]なども入れ込むことができるだろう。これはすぐれて臨床的な図式である。クライエントに応じて、ケース・バイ・ケースで表出と支持のバランスをとっていくという精神分析的臨床の実感と合致するからである。

実際、現場的心理療法論の奥深くにはこのピンスカー的な図式が埋め込まれている。先に挙げた「〇〇現場で活かす〇〇療法」というよくある発想がそれであ

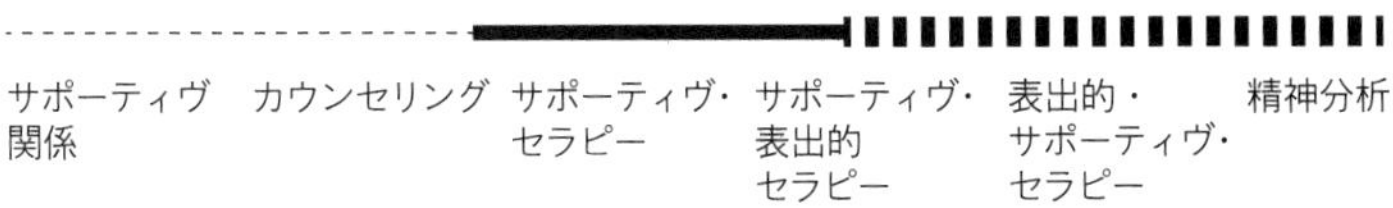

図❶　ピンスカーの治金スキーム

る。たとえば、山崎[14]は「精神分析の活用法」と題して、純金の精神分析は学校現場においてそのままでは実践できないが、転移や治療構造論、病理理論などの理解は現場で活かすことができると語る。そのようにして、現場の事情に応じて、エッセンスだけをつまみ食いする合金の心理療法が肯定的に示される。以上の発想に基づくと、学派的心理療法論と現場的心理療法論の関係は図❷のようになる。

中心に純金の精神分析があり、周縁に病院や学校などのさまざまな現場で応用される合金がある。ピンスカーの直線が放射状に配置される。これがここ三十年の臨床心理学で支配的になってきた議論の形であろう。もちろん、精神分析だけではない。認知行動療法や家族療法においても同様に、この種の図式で「いかに学派的な作法を現場で応用す

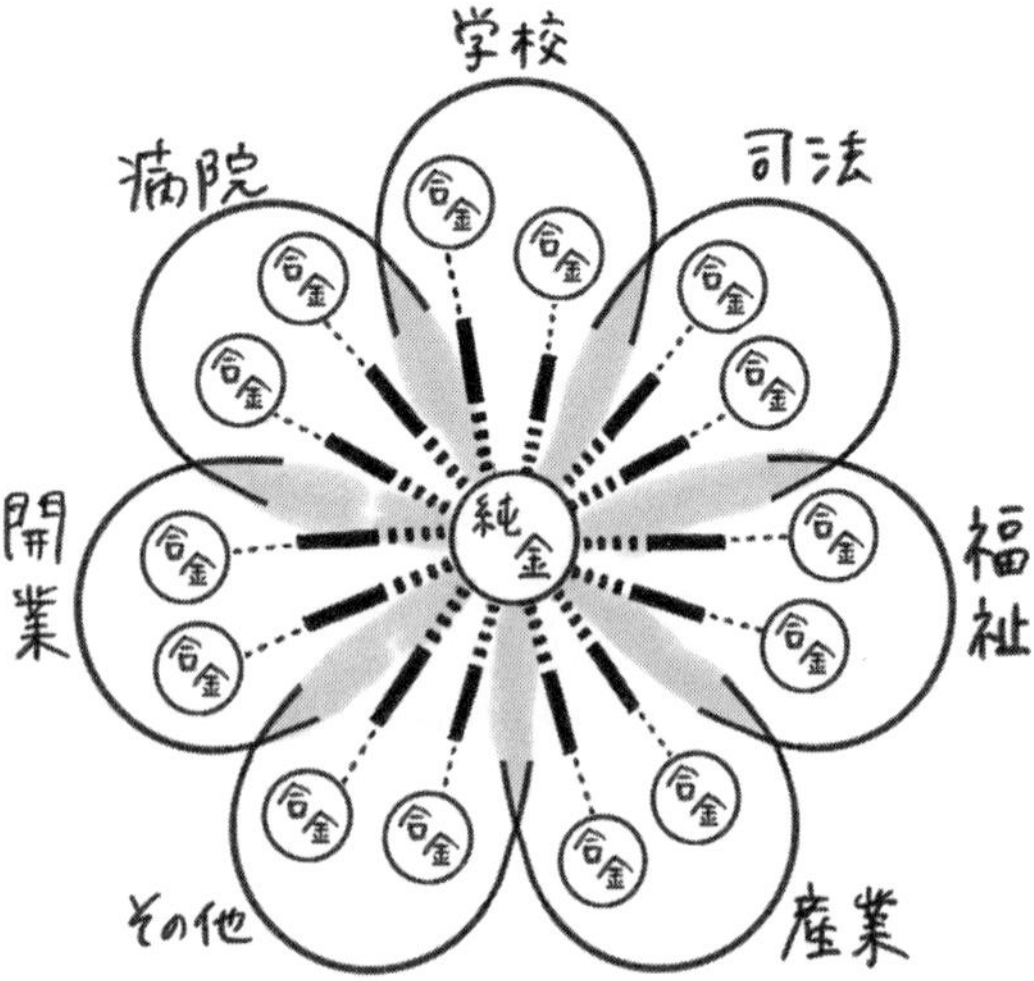

図❷　精神分析の冶金スキーム

るのか」あるいは「いかに現場で専門性の高い支援を行うのか」が取り組まれてきた。すると、現行の臨床心理学は図❸のように表現できる。

臨床心理学という大宇宙の中に、複数の小宇宙がある。小宇宙はそれぞれに、精神分析、ユング心理学、認知行動療法、人間性心理学、家族療法などの学派的心理療法論が中心となり、その周縁に医療・教育・福祉・産業・司法などにおける現場的心理療法論が配置される。これが学派を中心にして組み立てられた「多元的臨床心理学」[15]である。この想像力の下に、精神分析学会、ユング心理学会、家族療法学会など、それぞれの学派が自らの専門学会をもち、それぞれの宇宙に閉じられた知を純化し、タコツボ的に蓄積してきたのである。

まとめよう。これまで学派的心理療法論と現場

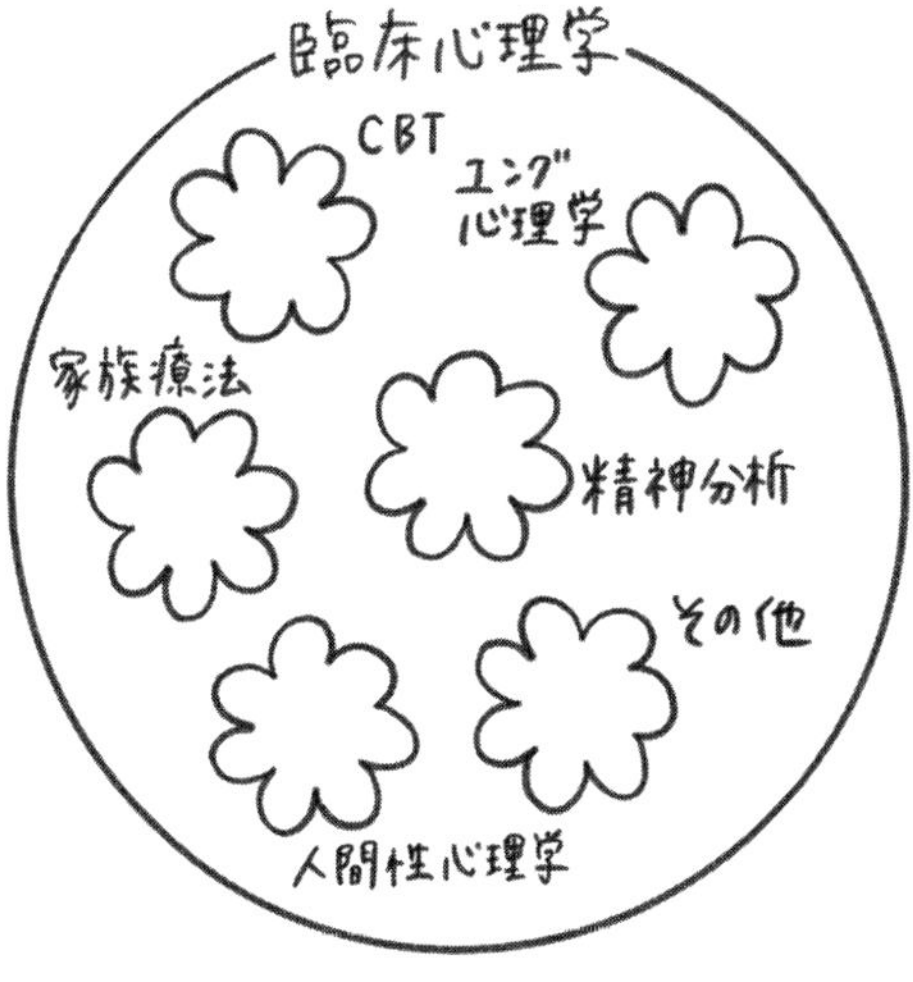

図❸ 多元的臨床心理学

的心理療法論は中心と周縁、あるいは基礎と応用の関係として捉えられてきた。これを純金と合金をめぐる「冶金スキーム」と呼びたい。問題はふつうの相談が冶金スキームのどこに位置づけられるか、である。

付け加えておくべきは、以上のような冶金スキームにおいて、現場的心理療法論は周縁的になり、低い地位のものとされがちであることだ。実際、図❸はブロック経済下における宗主国と植民地の構図とよく似ている。それゆえに、現場の臨床家は自らの実践に対して、未熟さや未達の感覚を抱きやすく、ありふれた臨床は自嘲気味に語られやすい。さらにはその裏面として、現場的心理療法論の著名な著者たちはしばしば孤立したカリスマになるか、局所的なフォロワーを集める異端になりやすい。

このとき、現場的心理療法論は異端であることを甘受する場合もあれば、自己を中心化しようとする動きをなすこともある。たとえば、新たな学会を創設したり、先に挙げた新たな学派を立ち上げるなどのダイナミズムがそれである。この繰り返しが臨床心理学の歴史であり、複数の学派による多元的宇宙[16]を作ってきたのである。それはそれでよい。学派システムとはそういうものなのである。ただし、本論が探し求めるのは別の道である。孤立したカリスマになるのでもなく、新たな学派をひとつ付け加えるのでもなく、それらの前提となっている冶金スキーム自体を転覆して、ふつうの相談を正当に評価できるような別の世界観を示したいのである。

4　ふつうの相談の位置

ふつうの相談はどこにあるのか。これには二つの答え方がある。

ひとつは治金スキームの最周縁部という答え方である。ピンスカーの図❶で言えば、限りなく左端のサポーティブ関係に近いところがふつうの相談の場所である。ふつうの相談には学派的規範から逸脱し、専門性を極限まで薄めたようなある種の「素人性」が刻印されている。

冒頭の三つの風景を思い出してほしい。看護師が精神科デイケアの片隅で行う人生相談、心理士ではあるが大学教員として働いているときの私の退学相談、あるいは私のカウンセリングルームで隔週以下の頻度でなされる〈ふつうの相談〉。これらに響いているのは、日常的な人間関係の延長線上にあるような自然な対話のスタイルである。

ふつうの相談はきわめて広い範囲をカバーしている。たとえば、発達支援施設の受付前でなされる保護者との雑談、児童養護施設で問題行動を起こしがちな子どもとの立ち話。さまざまな現場で交わされている断片的な臨床業務がふつうの相談に含まれる。いや、心理職の仕事だけではない。看護師や医師、教師、弁護士、ソーシャルワーカーなどの日常業務でも多様なふつうの相談が発生している。そして、友人や同僚、家族などとの間で交わされる素人的なケア＝サポーティブ関係もまたふつうの相談の実践である。

この広大さがふつうの相談の肝である。ふつうの相談とは日常の中で自然に交わされている援助のことだ。それは素人同士でなされているものでもあり、その延長線上に専門家たちの日常業務も含まれる。したがって、専門家の目からは、ふつうの相談は冶金スキームのごく一部の狭い地域に生息するに過ぎないように見える。しかし、社会的には心理療法ワールドそれ自体が狭い領土しかもたない辺境であることを忘れてはならない。ユーザーの目からすると、ふつうの相談こそが大陸の中央部に繁茂しているものなのである。

これがもうひとつの答え方となる。ピンスカーの図❶で言えば、左端をさらに向こう側へと突き抜けるのがふつうの相談であり、図❷で言えばその花弁の外側にふつうの相談の広大な草原が広がっている。

こういうことだ。冶金スキームはそれ自体として学派的心理療法論を中心とする世界観の所産である。それゆえに、現場的心理療法論は学派的心理療法論の周縁に位置づけられ、従属的なポジションに置かれてきた。すると、ふつうの相談はその中でもさらに周縁的で、断片的で、些末なものと見られるしかない。名前を与えられることもない。

しかし、学派的心理療法を実践しやすい開業臨床をしている私の場合でも、半数以上のケースはふつうの相談として行われているし、デイケアなどの施設臨床となれば圧倒的多数の臨床業務がふつうの相談であろう。これをごく狭い範囲の現象としか見ることができず、積極的に学問的思索を行う対象にできない冶金スキームには限界がある。

ここに本論の大仕掛けな問題設定がある。「ふつうの相談とは何か」を明らかにするためには、学派的心理療法論を中心とする冶金スキームから離脱し、その外側に広がるふつうの相談の草原を見渡すことのできる新たな視点を獲得する必要がある。本論で試みられるのは、この新たな俯瞰的なまなざしを獲得することであり、その視点からふつうの相談を描き出すことである。

序論なのに、すでに大分長くなってしまった。しょうがない。ふつうの相談の草原を広く俯瞰するためには、それだけ高く跳ばねばならない。助走が必要だったのだ。しかし、まだ跳ぶタイミングではない。足のバネを利かすために、一度低く屈《かが》むことにしよう。ふつうの相談がいかなるものであるのかを次に具体的に見てみたい。腰を深く落とし、個別のふつうの相談が間近で見えるところまで、視線を低くしてみよう。

第1部　〈ふつうの相談〉の形態

ふつうの相談はいかなる形をしているのか。ここまで抽象的に、そして一般論として語ってきたふつうの相談とは、実際にはどのようなものであったのか。その形態を第1部では具体的に見ていくことにしたい。臨床家がものを考えるためには、生《なま》の事実が必要なのだ。

最初に断っておかねばならないのは、これから記すのがあくまで私の〈ふつうの相談〉であることだ。私の開業臨床には、精神分析的心理療法と〈ふつうの相談〉という大きく分けて二つのオプションがある。クライエントに応じて、そのどちらかを選択して、援助を提供するのが私の日々の仕事である。ここでなされている〈ふつうの相談〉を、本論では狭義のそれとして扱い、以下に記述していく。

しかし、〈ふつうの相談〉は大草原に繁茂するふつうの相談のすべてではないし、もちろんそれらを代表するものでもない。あなたにはあなたのふつうの相談があるはずで、それは私のふつうの相談とは似ても似つかぬものかもしれない。それでいいし、そうであるべきだ。広義のふつうの相談はシチュエーションに応じて多様であることにこそ、その本質がある。草原ではさまざまな植物が群生していて、日当たりや岩の配置など小さな環境の違いで植生が変わる。草原は規格が揃えられた芝生ではない。

本論では広義のふつうの相談がいかなるものであるのかを明らかにするのが最終目標なのだが、そのためにまずは私の〈ふつうの相談〉を素材として取り上げる。〈ふつうの相談〉を具体例とし、そこにある構造を分析することで、広義のふつうの相談を理解するための足掛かりとしたいのである。

したがって、確認しておくべきは〈ふつうの相談〉の文脈である。私の〈ふつうの相談〉はどういう場所で、どういう狙いのもとになされているものであるのか。そこにあるローカルな文脈を明示することで、他のローカルな文脈で生じるふつうの相談について考えることが可能になるはずだ。

ここで私が暗黙裡に批判の対象としているのは、学派的心理療法論で前提とされてきた「理念的個室」である。それは文脈を失って、真空の宇宙に浮かんでいる面接室である。実際には、フロイトの診察室が二十世紀初頭ウィーンのブルジョワ文化を文脈としていたように[17]、すべての面接室はそれぞれのローカルな社会的環境に取り巻かれている。しかし、学派的心理療法論はそれらを捨象して理念的個室をしつらえ、「精神分析とはかくあるべし」「認知行動療法とはこういうもの」と語る。〇〇療法の入門書に最も欠けているのは、それぞれの心理療法がいかなる地域の、いかなる施設で、いかなるクライエントに対して提供されているものであるのかという社会的条件なのである。[18] そのようにして、ローカリティを排した理念的個室を前提とすることで、学派的心理療法論は普遍的なメソッドとして自己を呈示し、心理学的な宇宙に議論を絞ることができる。これはこれで普遍化のためには重要な概念操作であり、かつ臨床的な示唆もある。岩倉[19]が語る治療ゼロ期の「治水」と「耕し」プロセスは、それぞれの現場でこの理念的個室を作り出すための臨床的作業だと言ってよい。純金の心理療法を実践するためには、さまざまな下ごしらえが必要なのである。このような前提を「見て見ぬふり」[20]することによって、学派的心理療法論は普遍化に向かうのだが、本論はユニバーサリティよりもローカリティにこだわる。

1　私の文脈

私の〈ふつうの相談〉を理解する上で特に重要なのは、第一に開業臨床を設定としていること、第二に精神分析的心理療法（以下、「セラピー」と書いたときは、これを意味する）を専門としていることである。

直前に批判をしたにもかかわらず、実のところ、開業臨床は理念的個室に近づきやすい実践である。その理由は二つある。

第一に、クライエントが自ら相談を申し込んで来談するという事実は重い。多くの臨床では、援助が必要だとクライエントが自覚するまでに膨大な作業が必要になるわけで（これが顕著なのがアウトリーチであろう）、この点で開業臨床は恵まれた環境にある。

第二に、開業臨床では経済が臨床家とクライエントの二人で完結しているのも重要である。公的機関で仕事をするときには税金が使われているし、他の施設や組織で仕事をしていても経営側の意向がある。すると、そこでなされる臨床が何のためになされるのかは個室の外側からの影響を受けざるを得ない（このお金の問題については、第2部で詳述する）。これに対して開業臨床はクライエントと臨床家の二人で何をなすかを決められるので、外からの影響を排した理念的個室が成立しやすいのである。したがって、今から示す〈ふつうの相談〉は、大多数のふつうの相談に比べると理念的個室の色彩が多少なりとも濃いものとなっていることだろう。

お金の流れは臨床にとって決定的に重要である。金銭はそこでの仕事が何のためになされているのかを規定するからである。たとえば、復職支援の現場で、ユング的な個性化を目指す心理療法を営むことは、偶発的には可能でも、継続的には難しいだろう。そこでのお金は個性化のために支払われていないからである。この事実は臨床家に社会的圧力として重くのしかかる。臨床現場を取り囲むこの経済的な力動を認識することは、臨床家がサステナブルに仕事を続けるために不可欠と思われる。

もうひとつの重要な文脈は、私が精神分析的心理療法を専門としていることである。私の場合、〈ふつうの相談〉はカードBとして選択される援助活動である。つまり、カードAとしての精神分析的心理療法では役に立てない、あるいはかえって害が及ぶと判断されたクライエントに対して、オルタナティブな選択肢として提供されるのが〈ふつうの相談〉である。

したがって、〈ふつうの相談〉は、精神分析的心理療法とは対照的なものとして以下に描かれることになるだろう。そこにはいわゆる教科書的なセラピーからのあえての逸脱が多く含まれているはずだし、私も臨床場面で意識的にそのように心がけている。ただし、それはふつうの相談そのものがアンチ精神分析であるということでは全くない。認知行動療法家が行うふつうの相談はむしろ精神分析的な色彩が色濃くなることが予想される。ふつうの相談にはカードAへの反作用が働いているということだ。これこそがふつうの相談の秘密であるのだが、それは第2部で取り組むこととして、話を前に進めよう。

これから〈ふつうの相談〉の具体的なありようをマニュアル風に示していく。もちろん、すべてを記述することはできないので、論点は三つに絞る。第一に〈ふつうの相談〉がいかなるクライエントに導入されるのかというアセスメントの問題、第二に〈ふつうの相談〉ではいかなる働きかけがなされるのかという技法の問題、第三にそれがいかなる目標を達成するためにあるのかという機能の問題である。それらを通じて、〈ふつうの相談〉がいかなる形をしているのか、顔が少し汚れるくらいには近くで見ることができればと思う。

2 〈ふつうの相談〉のアセスメント

さまざまなクライエントが来談する中で、誰を〈ふつうの相談〉に導入するのか？ 誰を導入しないのか？ これを最初に確認しておきたい。

私の場合、この問いは「誰を精神分析的心理療法の対象にするのか？」と表裏一体である。さらには「誰の治療は断り、外部機関にリファーするのか？」という問いとも固く結びついている。この判断をなすために必要なのがアセスメントであり、私の場合は、①問題の性質、②モチベーション、③社会経済的環境の三点を特に考慮している。それらを順に解説していく。

本題に入る前に強調しておきたいのは、臨床家は最低でも二枚のカードを手元にもっておき、クライエントに応じていずれのカードを切るかという判断をできるようにしておくべきだということだ。少なくとも私の信念はそうだ。さもなければ、すべてのクライエントに対して、同一の対応をせざるを得なくなる。これは著しく臨床家を不自由にするし、クライエントにとっても有害である。医学に置き換えるとわかりやすい。すべての患者に開胸手術を選択する医者や、どんな患者であろうと抗生物質しか処方しない医者は、まったくナンセンスだろう(たとえどれだけ巧みに手術ができようとも)。しかし、医学ならばありえないことが、心理療法だと起こりやすいことに注意する必要がある。誰にでも同じ心理療法を提供したくなる欲望は確かに存在する。

心の臨床には一枚のカードの罠に陥りやすいところがある。催眠の祖であるメスメルは、すべての患者の病因を動物磁気の失調と診断し、すべての患者に動物磁気による治療を行っていた。[21]「一病気一治療」、つまり世の中にはひとつの病気しかなく、したがってひとつの治療ですべてを癒すことができるという発想だ。これは現代のスピリチュアルヒーラーにも共通していて、[22]彼らはどんなクライエントに対しても、「オーラの滞留」「本当の自分の不全」などと同じアセスメントを行い、同じ対応をする傾向にある。臨床心理学はそれを笑うことはできない。かつて「猫も杓子もノンデレ」と言われ、すべてのクライエントがロジャースの非指示的(nondirective)心理療法で対処されたことがあったように、[23]あるいは「一緒に考えていきましょう」を決め言葉に、「ユンギアン化したロジェリアン」たちがすべてのクライエントに「平成のありふれた心理療法」を処方していたように、[24]私たちの治療文化にも「一病気一治療」の罠が潜在している。思うに、それは心理学理論にはなんでも解釈できるような万能性があるからだろう。精神分析理論も認知行動理論もなんでも説明できてしまい、その反証を少なくとも臨床レベルで行うことが難しい。だから、ついつい一枚のカードに頼りたくなってしまう。

しかし、必要なのはカードが二枚あることであり（三枚以上あっても構わないが、認知容量の限界というものはある）、最悪一枚しかカードがないとしてもそれを「切らない」という選択肢をもっていることである。精神分析の有用性を知るとは、それがいかなるときには無効であり、有害であるかを知ることである。すべてを認知行動理論で解釈し、認知行動療法によって解決しようとするとき、その臨床家は呪術師としては一流かもしれないが、現代の専門家システムにおいては「素人」の域を出ていないのである。

2-1 問題の性質——緊急か不急か、外か内か

アセスメントで必ずなされなければならないのは、問題の性質の特定である。そのためには、クライエントの困りごとや相談したいことの詳細や経緯を聞き取り、かれらの抱えている問題がいかなるものであるのか、そしてそれがいかなる原因からもたらされたのかを理解する必要がある。これがあってはじめて、何を処方すべきかを決定することができる。このとき、問題を理解する上で私は大きく二つの判断を重視している。

一つ目は緊急対応が必要であるか否かの判断である。たとえば、不眠や不安、躁うつ、精神病症状などが著しい場合には、即医療機関を紹介する必要があるだろうし、経済的な困窮があれば家族との話し合いや福祉との連携が必要になる。あるいは虐待やいじめ、ハラスメントなどの暴力が今まさに起こっているのであれば、それを諸機関に通告して

止めないといけない。要は生活が破綻するリスクが高い急性の問題であれば、緊急対応をした上で、その後をサポートしていくような〈ふつうの相談〉が選択される。逆に問題が慢性的なものであり、時間をかけて対応した方がいい場合には、セラピーを適用する可能性があると見て、慎重にアセスメントを続けることになる。

ここにあるのは時間性のアセスメントである。その問題が最近生じたストレスや変化によってもたらされた現在に固有のものであるのか、あるいは幼少期から反復されている歴史的なものであるのかの見極めがなされる。もちろん、前者であれば〈ふつうの相談〉、後者であればセラピーの可能性を吟味することになる。

もうひとつは、医療人類学者ヤング[25]が言う問題の「外在性」と「内在性」である。すなわち、問題がクライエントの外側にあるか、内側にあるかを見極めるということだ。もちろん、実際にはすべてのケースでその両方が存在しているので、見極めるべきはその偏りとバランスである。たとえば、子どもとの付き合い方に困っているクライエントの場合、問題が子どもの発達特性にあったり、親自身が周囲からのケアや支援を得られていないことにあったりするならば、問題は外部に存在すると言える。このとき、必要なのは子どもの特性についての理解を提供し、適切な対応についてアドバイスを行い、周囲からの支援を得られるように環境調整を行うことなので、〈ふつうの相談〉の処方となる。これに対して、クライエントはそれなりに子どもへの対応ができているのだが、自身のパーソナリティに起因する不安や抑うつに困っている場合には、問題は内部に存在することになる。つまり心理的問題を抱えているため、セラピーの適用を吟味することになる。

ここでの外在性と内在性の判断は、「実体」の記述というよりも、臨床理論による「理解」であることに注意せねばならない。理論的枠組みが変われば、従来内側にあるとされていた病因も、外側にあるものとされるし、その逆もある。たとえば、精神分析における「ヒステリー」概念は問題を内在性として捉えるものであるが、それはのちに「トラウマ」として見られるようになると外在性になる、など。臨床家は常に時代に拘束されている。このあたりについては江口[26]の議論に詳しい。

2-2 モチベーション

モチベーションについては、山崎[27]の第9章「モチベーション論」を参照するのがいいので、ここでは簡潔に記すにとどめる。

重要なのは問題の性質とモチベーションは別個であることだ。たとえ、幼少期から続く心理的な問題が存在していたとしても、すべての人がそれについてじっくりと考えたいかというと、そういうわけではない。クライエントが目の前の問題の解決だけを求めている場合には、ひとまず私は〈ふつうの相談〉での対応を行い、それで問題が解決すれば、多くの場合そのまま終結することになる。クライエントが何を望んでいるのかを明確にし、その求めに応じるのが基本的な姿勢となる。もちろん、クライエントの望みが非現実的であるように見えるときもある。そういうときには話し合いである。このカウンセリングで何を目指すのか、これを合意できるまで議論し、交渉する。その作業自体が治療的であり、ともすればそれだけで十分な支援になるときもある。

このとき、クライエントの無意識よりも意識を重視するのが重要である。心理療法はあくまで近代市民社会の慣習にしたがって営まれるものであり、そのとき契約や合意を行うのは最終的には意識的な主体であるからだ。このインフォームド・コンセントの思想[28]は、臨床の有害性をできる限り抑えるためにも極めて重要であるが、無意識に「本当の」を見出す深層心理学においてときに軽視されやすいところである。

2-3 社会経済的環境

最後に、クライエントを取り巻く社会経済的な環境を参照する必要がある。それは何よりもお金と時間の問題である。〈ふつうの相談〉で対応するか、精神分析的心理療法で対応するかは、どれだけの頻度で面接に通うことができるのかに直結しており、それは月の可処分所得がどの程度あり、どの程度時間の融通が利くかによる。

パーソナリティに根差した心理的問題があり、モチベーションがあったとしても、現実的にセラピーに通うことに無理があるならば、セラピーの開始によって生活や人生に支障が生じるので、セラピーは有害なものになっていく可能性がある。

お金や時間のようなソリッドな現実だけではない。より文化的な問題もある。たとえば、ある種の芸能人のように落ち込む暇もなく軽躁状態を維持しないといけない職業の場合には、セラピーの進行は有害になる場合がある。あるいは、家族が強い宗教的信念で結ばれている場合には、セラピーはクライエントを孤立させてしまうかもしれない。そのような場合には、セラピーを回避し、〈ふつうの相談〉で対処する方が無難であろう。もちろん、〈ふつうの相談〉を続ける中で、セラピーへのニーズが高まり、切り替えることはあるにしても。

2−4 アセスメントのまとめ

以上、〈ふつうの相談〉の導入について、いくつかの判断基準を簡潔に述べてきた。総じて言えば、「浅い」介入で手短に終えるか、「深い」探求を持続するか、どちらが望ましいのかの判断を行っているということだ。もちろん、ここで浅さと深さは価値中立的であり、どちらがいいということではない。いや、私個人としては、治療は極力浅い方がいいと思っている。それだけさまざまな意味で負担が少ないからである。体の病気になったとき、入院治療で大手術を行うよりも、外来治療の投薬で治った方がずっと価値が高いのと同じである。

重要なことは、私の場合、アセスメントの結果として、多くのケースが〈ふつうの相談〉での対応になることだ。開業という設定で臨床をしており、精神分析的心理療法についての一般向けの本を出版していて、それを読んでから申し込むクライエントが多数である私の場合でもそうなので、〈ふつうの相談〉の社会的なニーズは大きい。ただし、セラピーのケースは〈ふつうの相談〉よりも長期間続くことが多いので、一週間の面接数からすると半々くらいにはなるのだが。

それでは、このようにして始まるふつうの相談では、具体的にいかなる介入がなされ、技法が使われるのかを次に見ていくことにしよう。

3 〈ふつうの相談〉の技法

すべての臨床と同様に、ふつうの相談にも厳密なマニュアルはない。その場その場に応じて、臨機応変に対応し、融通無碍《ゆうずうむげ》にモードを変えていくのが、善きふつうの相談である。とはいえ、そこにはある程度共通する技法もあるように思うので、以下にそれを列挙することとしよう。

3―1 聞く

当たり前のことではあるのだが、セラピーと同様に〈ふつうの相談〉でも「聞く」が基本要素となる。[29] クライエントが語ることに耳を傾け、彼らの痛みや悲しみ、喜びに触れ、その背景にある問題のメカニズムを理解しようとする。これはあらゆる対人援助に通底する基本にして奥義であろう。ただし、〈ふつうの相談〉ではセラピーに比べて、聞いた上での応答の比重が高い。つまり、クライエントが私の話を聞く時間が長い。「自分で自分のことを考える」モードのセラピーに対して、〈ふつうの相談〉ではクライエントは具体的な援助を求めているからである。以下、そこでなされる応答を見ていくこととする。

3-2 質問する

これまた当たり前であるが、質問も〈ふつうの相談〉の基本要素である。ただし、セラピーのときに比べて、〈ふつうの相談〉でなされる質問は穏健であり、マイルドになる傾向がある。

たとえば、セラピーであれば、性体験についてもある程度詳細に踏み込んで尋ねるが、〈ふつうの相談〉では性被害の疑いがあるときなど、よほど問題になっていない限りは質問を控える。尋ねたとしても最小限に止める。心を不用意に揺らしかねないからである。

逆に頻出するのは「眠れているか?」「食べれているか?」という質問だ。具合が悪そうなときには、直接的に心について尋ねるよりも、体の話をしている方が安全に苦悩を受け取ることができる。

ここで原理となっているのは安全性である。クライエントをできるだけ傷つけないような配慮に貫かれているのが〈ふつうの相談〉の特徴だと言える。そのために、臨床家は「常識」や「世間知」を重視する。要はクライエントの日常世界のルールに則ることで、臨床家が想定外の外傷的な振る舞いをなすことを避けようとするということだ。

3―3 評価する

〈ふつうの相談〉で積極的に用いられる技法が評価である。たとえば、「この日は本当にほっとして、久しぶりに七時間眠れました」と言われたなら「よかったじゃないですか」と伝え、リスクのある行動が多く報告されたならば「調子が悪くなってるんじゃないですか？」と伝える。あるいは「勇気を出して、上司に不安を伝えることができました」と報告されるなら「がんばりましたね」と言う（家族療法ならば「コンプリメント」と呼ばれる技法と重なる）[30]。

本人に対する評価だけではない。クライエントの周囲について「その人はやっぱりちょっとおかしいと思うな」「案外、心配してくれている人みたいに聞こえるんだけど」と客観的評価を伝える。あるいは「そういう職場はふつうはブラックって呼ぶんじゃないですか？」と環境についての社会的な評価を伝える。

いいものは「いい」、悪いものは「悪い」と言う。褒めることもあれば、警戒を促すこともある。標準的なセラピーの教科書では臨床家は価値中立的であるべしとされているが（たとえば、河合[31]や岡野[32]）、それは価値の主観的な側面を重視するフロイト・ユング・ロジャースの心理療法の影響であろう。これに対して、〈ふつうの相談〉では価値の社会的側面を重視する。

「一般的にはどう評価されることなのか」をクライエントが知ることには、支持的な効果がある。第一に、環境が悪いのか、自分が悪いのかわからず、方向喪失に陥っているとき、第三者が自分の置かれている立ち位置を教えてくれると助かる。第二に、臨床家とクライエントが同じ「いい」「悪い」を共有できること自体がクライエントの孤独を和らげる。最後に、社会的な価値と再接続することは、自己の主観的世界における混乱から抜け出すことを可能にしてくれる。

問題は社会的価値の内実である。世の中には複数の社会的価値があり、その中には有益なものと有害なものがある。それらのうちから適切なものを選択する必要がある。私の場合は生活や身体の安全性が高まること、孤立感が減少しつながりが増加することを、基本的には「善し」とし、逆のことを「悪し」としている。これはメンタルヘルスケア一般で共有されている価値観であろう。ただし、それだけではなく、第2部で詳述する「世間知」も参照されている。「ふつうはそんなことしない」「ふつうだとそれくらいは会社はやってくれる」という常識に基づいた価値基準も重視している。

ただし、ここには当然リスクがあることを覚えておく必要がある。クライエントは臨床家の価値観に束縛されてしまうかもしれないし、その価値観によって自責感を強めるかもしれない。とりわけ、価値の社会的側面にはしばしばマイノリティに対する暴力が含まれていることにも注意しなければいけない。[33]

「ふつう」には人を抑圧する面と、心を解放する面の両方があるのが重要である。「ふつうにしなさい」と言われると苦しいが、「そんなことされたら、ふつうは傷つくよ」と言われると助かる。「ふつう」には包摂と排除の両方が含まれている。

クライエントは得てして「ふつう」を見失いがちである。苦悩の中にいて、孤立しているときには、共同性や社会性が失われ、実際の現実よりも厳しい「ふつう」を想像してしまう。だから、臨床家が現実的な「ふつう」を補うことは、クライエントが社会と再接続していくのに役立つ。〈ふつうの相談〉では「ふつう」が処方されるのである。

3-4 説明する

〈ふつうの相談〉では臨床家が理解したことをきちんと説明することが多い。それはいわゆる解釈的な介入ではなく、心理教育に近い。[34] クライエントの心の状態やメカニズムをわかりやすく説明する。いや、説明されるのは心だけじゃない。クライエントの周囲の人や環境についても、「聞いていると、その人はハラスメントを繰り返しているように思うのですが」とか「大学ってね、確かに官僚的なシステムでできているから」というように説明を行う。暴力は暴力と名指す必要がある。それがクライエントの抱えている苦悩のメカニズムを明確にし、クライエントの自己理解を促進する。その上で今後の見通しや今必要なことについてアドバイスを行うことが可能になる。

重要なのは知的な説明であり、知識の提供であり、言葉をインストールすることである。私たち臨床家は感情や情動を重視する傾向にあるが、心がすぐには納得のいかないことでも、頭で理解しておくことには価値がある。それはままならない自己を認識することにつながるし、言語的に問題が共有されたことそのものが治療関係を強固にしてくれる。

この点で臨床家が言葉に熟達することには価値がある。複雑なことをわかりやすく説明することや、キャッチーな言葉を選ぶことは、臨床の質を高める。クライエントが自分で使いこなせるような言葉こそが治療的なのである。この点で、私の場合、勤めていた女子大で大量の授業をした七年間が、自分の臨床能力をわずかばかりであるにせよ、向上させてくれたように感じている。育ち盛りの学生たちを取り巻く睡魔と戦えるだけの言葉は、臨床でも役に立つのである。

3-5 アドバイス

アドバイスには二種類ある。ひとつは大きなアドバイスで、全体的な見通しをもって、何がどういう風になっていくと生きやすくなるか、課題や変化の方向性を示すものである。これはいわゆる総合的なアセスメントや見立てに含まれるものであろう。

もうひとつは小さなアドバイスで、そのときどきの状況や困りごとに応じた、現実的な助言である。たとえば、「この面接が終わったら、病院の予約を取って、睡眠について相談しましょう」とか「それはあらかじめ上司に伝えておいた方がいい」とか、そのレベルのことである。

これらを伝えるときに、経験談という話法を用いることはしばしば有効である。似たような境遇のクライエントがどのような経緯で、どのように事態を切り抜けていったかを語ることもあれば、私自身が過去に助かった例を出すこともある。臨床経験や人生経験はアドバイスを効果的に伝えるためのレトリックになる。精神分析的心理療法ではそのような発言は「自己開示」[35]として慎重に取り扱われていて、それはそれで根拠があるのだが、〈ふつうの相談〉の場合は過剰にならずに、局所的に用いられるのならば案外益が多い。普段の人間関係でなされるアドバイスには、ほぼ必ず自己開示が含まれていることを思い出すとよい。

ただし、本質的に重要なのは、説明とアドバイスがセットとなっていることだ。アドバイスなき説明は現在だけが与えられて未来が欠如しているからクライエントの放置になるし、説明なきアドバイスは納得感が伴わないから無効である。現状を説明し、その背景にあるメカニズムを理解してもらった上で、「どうしたらいいか」を提案するから、クライエントは「やってみようかな」と思え、心に希望が兆すのである。

思い出してほしい。電化製品を買いに行けば、それぞれのパソコンの性能が説明され、そして選択肢が提案される。塾の面談に行けば、子どもの学力と受験の見通しが説明され、今後の勉強法が提案される。役所の窓口も、ビジネスのコンサルも同様である。説明とアドバイスの連鎖は、狭い臨床場面に限らず、広義のふつうの相談の基本構造なのである。

余談になるがアドバイスが自然にできるようになったとき、私は自由になれたように感じた。というのも、大学院でのトレーニングや私の読んできた入門書では、アドバイスはあまり役に立たないものとして位置付けられていたからである[36]。それを真に受けた私には「アドバイスをしてはいけない」という呪いがかかっていた。

しかし、臨床経験を重ねる中で、平凡で誰もが思いつきそうなアドバイスがしばしば「思ってもみませんでした」と受け止められ、生活の改善に役立つことを知った（ここに働いているのは臨床家が第三者であることの力だ）。もちろん、問題解決につながらないことも多いのだが、それでも強要さえしなければ、役に立たないアドバイスも役に立つという逆説がある。カウンセリングを一緒にトライ＆エラーを行う場所にしてくれるからである。少なくともそのとき、クライエントは完全な孤独ではなくなる。

3―6 環境調整

アドバイスのより積極的な形として環境調整がある。クライエント本人にどうしたらいいかを伝えることにとどまらず、環境に直接働きかけ、変化を促すということだ。

具体的には家族のサポートを増強するために、親や配偶者に面接に来てもらい（ZOOMを使えば遠方に居住している家族とも面談ができる、これはコロナ禍で得たイノベーションであった）、現状を説明し、対応や支援を話し合う。あるいは、職場や学校に情報提供書を書いて、どのような合理的配慮が有益であるかを伝え、情報交換を行う。病院の医師や福祉のソーシャルワーカーと連携をして情報交換を行うことも、クライエントをめぐるケアを手厚くする上で有効であろう。要は関係者を増やし、みんなで心配することである。究極的には、これこそがメンタルヘルスケアの本質だと思う。

私の場合、環境調整は若い頃には難しく、年を取るにつれて、少しずつ想像力が働くようになってきた。それはもちろん、個人の内界に焦点を当てる力動的心理療法の訓練が、外界をいかにマネージするかを盲点としがちだったという理由もあるのだが、それ以上に臨床経験と人生経験の乏しさが大きかったように思う。若い頃には個人の力を過大評価していた。個人が変わることで、さまざまな問題や苦悩が乗り越えられると思っていたのである。しかし、年を取るにしたがって、個人の力への期待は現実的なものへと収まっていき、環境の力の大きさが痛感されていった。それに応じて、冷たく硬いように見える社会にも、ゆるく変動する小さな関節がそれなりにあることが少しはわかるようになった。

3-7 雑談・社交・世間話

以上、さまざまな治療的介入について述べてきたが、最後に雑談の役割に触れておきたい。〈ふつうの相談〉では雑談を躊躇しない。

どんな面接でもクライエントは雑談をしているはずだ。天気の話をし、社会や芸能のニュースを話題にし、流行っている思想や本の話をする。これを治療への抵抗と見なし、心理学的に解釈することもできるのだろうが、〈ふつうの相談〉をしているときの私は雑談に応じる。「台風、案外大したことなかったですね」とか「人新世、流行りすぎですよね」などと返す。

大人にとっての雑談は、子どもにとっての遊びに等しい。それゆえに、雑談にはクライエントの不安や欲望、空想が織り込まれていて、それらからクライエントの内的世界を読み取ることもできなくはない。遊びとは象徴的表現であるからだ。しかし、より肝心なのは遊びとしての雑談の本質的な機能が「社交」にあることだ[37]。

社交とは得体のしれない他者と平和な関係を築くために試みられるものである。それゆえに互いの本質には踏み込まず、社会的なコードに従って表面的な会話を維持することには価値がある。逆に、社交に応じないことは、それ自体として敵対的な関係を示しているように響くだろう。

私たちは世間話に興じる。クライエントのことではなく、世間について語り合うのである。それは二人がいかなる世間を共有しているのか、していないのかを明らかにしてくれる。たとえば、大学教員をしていた経験がある私の場合、クライエントが語る大学人事についての雑談は盛り上がる。そこにある残酷さや愚かしさを一緒に笑いながら、そのような世間の生きづらさを私たちは確認することになるだろう。逆に外資系スタートアップ企業の採用面接についての雑談は、私はもっぱら聞き役になる。そうすることで、クライエントがいかなる世間で生きているのかを少しずつ学んでいくことになる。

芸能ニュースや流行している本の話も同様である。ブルデュー[38]の文化資本概念が教えてくれるように、趣味とは社会的なものである。そこには経済階層や社会的権力の差異が刻印されている。雑談をして、世間話を重ねることは、お互いの間にある社会的差異と同一性を確認する営みに他ならない。そこに生まれる「同じ社会を生きている」という共同性は治療の支えになるだろうし、差異が鋭く認識されるならば、治療的コミュニケーションにおける齟齬を修正していく契機となるだろう。そのようにして、治療関係そのものに含まれる加害性が認識されるのである。

3-8 技法のまとめ

以上、〈ふつうの相談〉で用いられる技法を見てきた。もちろん、そこには「心理学すること」が伴われている。つまり、私は専門的に心理学的なアセスメントをしながら、アドバイスをしたり、雑談をしたりしている。とはいえ、これらの技法だけを見るならば、日常的に私たちが同僚や友人と交わし合っている相談の作法と大差ない。〈ふつうの相談〉は「自然」なのである。それはクライエントの生きている日常世界と連続線上にあり、この点で学派的心理療法論において用いられる非日常的なコミュニケーションとは対照的なところがある。

それでは、そのようにしてなされる〈ふつうの相談〉がクライエントにとってどのように役立つものであるのかを最後に確認しておこう。

4 〈ふつうの相談〉の機能

導入の際に触れたように、私の場合、〈ふつうの相談〉は内的な探求というよりも、現実的な問題を解決することを目指して行われる。そのために、〈ふつうの相談〉がクライエントに提供する機能は便宜的に四つにわけることができる。これらを臨床的な優先度の高い順に示すことにしよう。

4-1 外的ケアの整備

〈ふつうの相談〉が果たす第一の機能は、クライエントを取り巻くケア資源の拡大である。環境調整の項で述べたように、家族や職場、学校と連絡を取り、交渉を行い、クライエントに対する暴力や不利益を止めて、代わりに配慮を引き出すのが〈ふつうの相談〉の最重要の機能である。多くの人が心配して、見守り、手助けをしてくれる状況を作り出すことが、心の回復のための基本である。

言うまでもないことであるが、クライエントの抱えている問題は個人の内側だけではなく環境の側にも存在している。ほとんどの場合、両方の要素がある。このとき、先に介入すべきは環境である。環境に暴力が吹き荒れ、ケアが欠如しているとき、人は混乱に陥るが、環境が整備され、ケアが厚くなるならば不安は和らぎ、考える力が戻ってくる。この段階に至ってはじめて、個人の心の問題を扱うことができるようになる。これは多くの現場的心理療法論で強調されているところである。たとえば、岩倉[39]は「マネジメント」や「治療ゼロ期」を強調して、セラピーの前に環境調整を行うことを強調し、田嶌[40]は学派的心理療法論を批判して「現実に介入しつつ心に関わる」と具体的な現実に働きかけていく治療戦略を呈示した。私が「ケアが先、セラピーが後」としたのも同じ感性である[41]。

したがって、〈ふつうの相談〉において決定的に重要なのはソーシャルワーク的な想像力である。社会的環境の悪しき点を見出し、変わりうる部分を実際に変えていく介入を行う。個人の心の内側に焦点を当てがちだった従来の臨床心理学では見失われやすかったのが、この〈ふつうの相談〉の機能である。そして、専門家が見失いやすいものを回復するところに、ふつうの相談の本質がある。

4-2 問題の知的整理

次に取り組まれるべきは、個人の内の変わりやすい部分を変えていくことである。このとき、変わりやすいのが理性や意識であり、情念や無意識は変わりにくい。それゆえに、〈ふつうの相談〉で最初に提供されるべきは、正しい情報や知識であり、問題の知的整理である。

〈ふつうの相談〉が始まるとき、クライエントは混乱している。何が問題であるのかわからなくなり、何がどのように変化すればいいのかわからなくなっている。現在地を見失い、方角を喪失しているのである。このとき、問題の所在がどこにあり、どう変化するとよくて、それは何によって可能になるのかが知的に整理され、言語的に納得できることの価値は極めて大きい。客観的状況は同じでも、主観的な風景が変化するからだ。進むべき方角を実感できると、苦難に耐え忍び、それを乗り越えていこうとする希望が湧いてくるものなのである。

いわゆる支持的心理療法において、「自我の強化」が重視されるのはこの意味である。[42]知性とは自我の機能であり、問題の知的整理が行われることによって混乱していた自我は持ち直す。このことの価値はある時期の日本の臨床心理学では見失われる傾向にあった。ロジャースとユングの影響が強かったことによって、感情や無意識にばかり焦点が当たり、知的な説明は「知性化」などと言われて脱価値化されがちだった(氏原[43]に詳しい)。しかし、当たり前であるが、エスを大事にするように、自我も大事にしなくてはならないし、無意識の変容は意識の変化の後にやってくるのである。

4-3 情緒的サポートの獲得

以上の二つの機能が果たされたときに、情緒的サポートが成立する。この順序が重要だ。教科書ではしばしば、ラポールを形成してから、心理的作業に入っていくと書かれているが、まだ何の役にも立っていない専門家をどうやって信頼できるというのか。さまざまな災厄に襲われ、孤立感を深めるクライエントが、もし他者を信じることができたならば、それはすでに偉大な達成なのである。ラポールは、適切な環境調整と問題の知的整理が行われ、「助かった」と少しは感じられたときにはじめて形成されるものだ。

ラポールは初心者にとっては魔術的な事象として捉えられがちだ。この言葉自体がメスメルなどの大催眠時代に用いられた言葉であり[44]、人間と人間の間にある伝染力を意味していた歴史も響いているのだろう。ただし、そのような想像力の結果、ラポールが臨床家のもつ受容力や共感性などの形にならない資質によって形成されるものだと思われたのは不幸なことだったと思う。初心の臨床家はクライエントに過剰に優しくしたり、丁寧になったりしがちであるが、それは往々にして「不気味なよそよそしさ」としてクライエントに体験される。ラポールを築こうと思うならば、感情よりも知性を使う方がいい。この社会にあって、専門家に期待されるのはまず専門知であるのだから。

とはいえ、子どもの臨床のことを考えると、知性だけでは信頼を勝ち取り得ないというのも事実ではある。ただし、実はそのときにも外的ケアの整備と問題の知的整理は保護者面接において機能していて、そうでなければ面接の維持が難しいことは忘れてはならないだろう。

情緒的サポートが生じることの意義は大きい。相談できる場所が存在することそのものが、クライエントにとってはしばしの依存を可能にするケア資源となる。たとえば、二週間後に話をできる場所があり、アドバイスをくれる人がいることは、それまでの時間を耐え忍ぶことを可能にしてくれる。このとき、〈ふつうの相談〉はそれ自体として、外的ケア資源のひとつになる。

この機能を「コンテインメント」などの専門用語を使って説明してもいいのだろうが、[45]孤独は心を蝕《むしば》み、つながりは心に希望を処方する、というごくごく常識的な人間の特性として理解した方がいい。人間関係に備わる当たり前の機能である。にもかかわらず、ここであえて、情緒的サポートを強調しているのは、私たち専門家がその価値を見失いやすいからである。

私たちは訓練を受け、特殊な理論や技法を学ぶ。そのことによって、クライエントの役に立とうとする。そうすることで、見えにくくなるのは、特別に取り組まれている専門的作業の外で、「ただつながっている」ことにクライエントが支えられているという素朴な事実である。ロジャースが強調し、純化しようとしたのはおそらくこの点であり、それは専門性を高めるほどに忘れられやすいのである（それゆえに、ロジャースは第三の心理学として、精神分析や行動療法に対するオブジェクションを唱えたのであろう）。しかし、私たちの仕事の基礎が、「ひとりではない」という感覚を付与し、事実として「ひとりではなく、一緒に考えること」を提供しているところにあることは忘却されてはならない。

4-4 時間の処方と物語の生成

このようにして、可能になるのが「時間」である。つまり、「様子を見ること」が可能になる。これは決定的だ。心の問題を解決する最終的な力は時間の流れにある。破局寸前であるかのように切迫していた不安は、時間の流れの中で少しゆるんだり、またきつくなったりを繰り返しながら、徐々に現実的になっていく。あるいは、人間関係の不穏さやあまりにひどい外的な事件も、時間によってあるべき状態へと落ち着いていく（もちろん、それ以上ひどくならないように、環境調整が行われていることが前提であるが）。そのようにして、心もまた少しずつ安定を取り戻し、新しい事態に対応していくことになる。このような外的現実と内的な心の働きを、臨床心理学は「自然治癒力」と呼んできたのだろうし、河合隼雄はさらに「時熟」と呼んだのであろう。[46] それこそがすぐには変わりにくい部分を変えていく深い力である。〈ふつうの相談〉は時間を処方しているということだ。ソーシャルワークによっても動きようのなかった環境や人間関係が、時間の経過の中で徐々に変形していく。時間が不安を包み込み、関係者たちの心に少しずつ働きかける。あるいは、情報提供や知的整理だけでは変化しなかった情念や無意識は時の力によって色彩を変えていく。時間が心の中のものを配置し直す。ここに物語や洞察が生み出される。

〈ふつうの相談〉とは時間のテクノロジーである。一人ではやり過ごせなくなり、自己破壊的になった時間を、共に持ちこたえる。これが時間の治癒力を発現させる。そのために、環境調整があり、問題の知的整理があり、情緒的サポートがある。思えばそれは、孤独ではないときには人々がふつうに体験している時間の力であり、生活の知恵であるはずだ。

4-5 機能のまとめ

以上、〈ふつうの相談〉の機能を臨床的優先度の順に見てきた。基本的なベクトルは「外側から内側へ」である。環境的な安全性が確保され、頭で問題を理解できるようになり、それが心を支え、最後に（河合隼雄の言葉を借りれば）「魂」が動いていく、ということになろうか。この順番を逆にすると危うい。マズローの三角形を逆さにするようなものだ。[47] 簡単に転倒してしまうことだろう。

このように並べてみると気づかされるのは、それぞれの機能の純度を高めると学派的心理療法論になることである。①外的ケアの整備をより高度化するとソーシャルワークや家族療法やブリーフセラピーになるだろうし、②問題の知的整理を認知行動療法はより専門的に行う。③情緒的サポートを純化したのがロジャースの来談者中心療法であり、④時間の処方と物語の生成を追求したのが精神分析（あるいはユング派も含めた力動的心理療法）である。

実際、私の場合には、④の作業を行う中でそれがどうしてもうまくいかないときに、話し合って〈ふつうの相談〉から精神分析的心理療法へと枠組みを変えることがしばしばある。具体的には面接の頻度を増やしたり、対面の設定からカウチの設定へと変えたり、自由連想法を導入するという手続きが取られる。〈ふつうの相談〉と学派的心理療法は地続きなのである。

具体的に〈ふつうの相談〉から精神分析的心理療法へのギアチェンジが行われるのは、外的問題が片付いていて、それでもなお不安や抑うつなどの内的な問題が残存し続けていて、かつそれについての取り組みが十分には進まないときである（すなわち、治療抵抗が顕著なときである）。「ここまでいろいろと変化してきた部分もあるけど、どうしてもあなたの中にあるよくわからない自分が問題になっていますね。この不自由な部分を見るためには、今までみたいな具体的な相談をやっていくよりも、もう少し専門的にあなたの内側を見ていくようなセラピーに取り組む方がいいように思うのですが、どう思いますか？」と尋ねて、しばらく話し合い、合意が得られればカードAへと設定を変更するのである。この点については『精神分析的サポーティブセラピー（POST）入門』[48]で詳細に記されているので参照願いたい。

問題はこの地続き性の捉え方である。ここで第2部を先取りして、話を狭義の〈ふつうの相談〉から広義のふつうの相談へと移したい。序論で述べたように、従来、現場的心理療法は基礎となる学派的心理療法が薄められ、折衷された臨床として理解されてきた。冶金スキームのことだ。このとき、ふつうの相談はその片隅に置かれることになった。

しかし、ここまで〈ふつうの相談〉をつぶさに見てきた私たちは、この図式が転倒されるべきであることに気づくはずだ。ふつうの相談は学派的心理療法論を薄めたものではなく、そもそも「自然な」対人関係にあるからである。おそらくこれをピンスカー[49]は「サポーティブ関係」と呼んだのであろう。それは人と人とのふつうの交わりである。

すると、次のように問うことができるだろう。ふつうの相談は応用などではなく、それこそが原初、つまり0地点《ゼロ》にあったものではないか？　むしろ学派的心理療法の方がふつうの相談の特定部分を切り取り、濃度を高め、純化したものなのではないか？

こういうことだ。確かに学派的心理療法論は純金かもしれないが、そのときふつうの相談は合金などではなく、野生の鉱物である。原石である。純金とはこの原石を「精錬」することによって取り出されるものなのだ。これを、合金をめぐる冶金スキームに対置する、「精錬スキーム」と呼びたい。この構造を検討するのが第2部での作業となる。

5　小括り――構造に向かって

私の場合の〈ふつうの相談〉を具体的に見て、その形態を確認してきた。誤解してほしくないのは、〈ふつうの相談〉はその技法においては素人的な対応が取り入れられているが（たとえば、世間話のように）、営みとしては専門的なサービスであることだ。そのとき、私はクライエントが必要としているものは何か、それに対していかなる機能を自分が提供できるのかについて専門的なアセスメントを行っており、それに基づいていわゆるセラピーからの逸脱を意図して行っている。それはあくまで専門家としてのオプションなのである。

その上で、ここまで読んできて「自分のふつうの相談とは違う」と感じた人もいるだろうし、「こんなの当たり前じゃん」と思った人もいるだろう。それでいい。繰り返しになるが、私は規範を示したかったわけではない。ふつうの相談は無限に多様である。私の〈ふつうの相談〉の文脈は開業臨床と精神分析的心理療法にあった。それらを関数として〈ふつうの相談〉は析出されている。あなたにはあなたの現場のふつうの相談がある。あるいは、あなたの訓練やキャリアに応じたふつうの相談がある。それこそがふつうの相談の大草原であった。

本論で明らかにしたいのは、そのような無限のふつうの相談に共通する構造である。私たちのありふれた臨床はいかなる要素からなり、それらの要素がいかなるダイナミズムによって組み合わされることでできているのか。これが第2部の問いとなる。

さあ、助走を終え、深くしゃがんだ。地面を間近に見た。ここからバネを活かして、跳んでみよう。高いところに視点を移すと、私の〈ふつうの相談〉だけではなく、多様なふつうの相談が繁茂している大草原が見える。この新しい視座からならば、ふつうの相談に共通する構造を見抜くことができるはずだ。

第2部

ふつうの相談の構造

第2部で目指されるのはふつうの相談の一般理論である。大草原に繁茂する多様なふつうの相談を貫く構造を見つけ出し、ふつうの相談がいかなるメカニズムによって生まれてくるのかを明らかにしたい。

導きの糸となるのは第1部の最後に述べた精錬スキームである。私の〈ふつうの相談〉を見る中で明らかになったのは、そこにソーシャルワークや認知行動療法、人間性心理学、精神分析などのさまざまな学派的心理療法の萌芽が含まれていたことだった。ポイントはこれを冶金スキームの枠内で合金として捉えないことである。つまり、ふつうの相談を学派的心理療法という純金を薄め、混ぜ合わせて、折衷したものとして捉えるのではなく、そもそもすべての要素が含まれた野生の鉱物だと捉えることだ。

このとき、極限の姿として理論的に想定されるのは「ふつうの相談0《ゼロ》」である。大草原のど真ん中、つまりふつうの相談のゼロ地点に全く精錬されていない原石がごろりと転がっている。

ふつうの相談0こそがメンタルヘルスケアの始源である。私たちの心の傷つきや葛藤を最初にケアし、最終的に癒してくれるのはこの原石だ。ふつうの相談0を学派という溶鉱炉で精錬しきると、純金の心理療法が生まれてくる。そして、その精錬のプロセスを途上でやめると、私たちが日々実践しているふつうの相談たちが生まれてくる。言うまでもないことであるが、精錬を徹底するほどに臨床的な価値が高まるわけではない。火加減をケース・バイ・ケースで調整するのが臨床的技能であり、ちょうどよいところで火を止められるのが善き臨床家である。

したがって、私たちはふつうの相談0から出発する。それがすべてのふつうの相談の源なのだ。このありふれた鉱物がいかにして心をケアしているのか、そしてその組成と構造がいかなるものであるかを最初に明らかにしてみたい。その上で、ふつうの相談0を精錬する途上で、ふつうの相談B、ふつうの相談C、ふつうの相談Aが産出されることを示したい。

B、C、A？　ふしぎな順番に思われるかもしれない。だけど、その道順で進んだ先に、あなたのふつうの相談が浮かび上がるはずだから、しばし我慢して、読み進めてほしい。ひとまずふつうの相談0から始めよう。

1　ふつうの相談0

ふつうの相談0とは何か。たとえば、人生の危機を友人に打ち明け、アドバイスをもらう。心身の不調を職場の上司に相談して、仕事量を調整してもらう。成績が伸び悩んでいるとき、塾の教師に喝を入れられる。離婚して打ちのめされているときに、古い友人たちが飲みに誘ってくれる。私たちの生活にはさまざまな苦難が生じ続けるが、それに呼応して周囲からさまざまなヘルプが差し出され、ケアがなされる。専門家が介入する以前に、素人同士で交わされているこれらのケア／治療こそが、ふつうの相談0である。

このとき、ここまでのように臨床心理学の理論的枠組みを使い続けるわけにはいかない。

ふつうの相談0は臨床心理学誕生以前から存在していた古層の営みであり、これを正しく理解するためには臨床心理学は十分ではないからだ。専門家は素人の営みの価値を捉えそこないやすいのである。そこで、やや回り道にはなるが、いかなる理論的枠組みがふつうの相談0に取り組む上で有効であるのかを検討しておこう。

1―1 メタな枠組み——比較心理療法論と医療人類学

本論の冒頭で臨床心理学の心理療法論には学派的心理療法論と現場的心理療法論の二種があるとした。ただし、これらの二つには共通しているところもある。共に心理療法を「ベタ」に語るのである。

学派的心理療法論では、それぞれの学派は自らの心理学理論に基づき、人間がいかに病み、いかにしたら癒されるのかが物語られる。ここには吟味されない前提がある。たとえば、精神分析が「無意識を意識化する」と自己を物語るとき、そこには「心には意識と無意識が存在する」「無意識へと抑圧された欲動によって問題が生じる」などの一連の理論が前提とされている。この前提をそのまま飲み込んだ上で、「心理療法とは何か」に答えるのが学派的心理療法論である。この飲み込みこそが「ベタ」なのである。

同じように現場的心理療法論でもベタな飲み込みがなされている。それらは学派的心理療法論の物語をそのまま飲み込むことは否定するが、その代わりに現場で共有されている物語はベタに肯定される。たとえば、冒頭に挙げた笠原[50]の「小精神療法」では、軽症うつにおける治療と回復がいかなるものかの物語がベタに語られ、読者はそれを飲み込んで自身の臨床に活かす。あるいは、村瀬嘉代子の統合的心理療法でも現場のニーズというものがベタに語られる。たとえば、村瀬・青木[51]の対談では「常識」や「当たり前」という言葉が多用されているが、この「常識」は無謬《むびゅう》とされ、ベタな飲み込みが求められる。

それゆえに心理療法論は「正しい／間違っている」という軸ではなく、臨床家やユーザーにとって「親和性がある／ない」という軸で評価されるのが、実際のところではないか。それぞれの心理療法に備わる人間観や世界観（「実証」の重視という世界観も含めて）がどれだけ臨床家やユーザーの主観性と響くか。これがベタに飲み込めるか飲み込めないかである。

ベタであることは悪いことではない。というより、心理療法は「ベタ」であることを必要とするのであろう。心というかたち定かならず、実体をもたないものを扱うときには、なにがしかの前提を「信じること」抜きには方向喪失に陥ってしまうからである。ここが心理療法文化の逆説であり、面白いところだ。心理療法は神が死んで、世界を信じるための支点を失った時代に現れた。それは神抜きで、つまり人間だけで、何かを信じるためのテクノロジーなのである。心理療法とは、いかに生きるかの根拠が失われたときに、どう生きるのが善いのかという価値を再セットアップするための倫理的／道徳的営みだということだ。エリクソン[52]の発達図式の根源が「基本的信頼」に置かれていることは、心理療法においていかに「信じること」が重要であるかを示すものであろう。

臨床心理学はベタだ。実践に役立つという臨床的必要性はベタであることを必要とする。ただし、それが前提を共有できない人を排除するように働くことを忘れてはならない。臨床心理学が互いに交流できない小宇宙の集まりとなったのは、ベタであることによる相互排除の結果であったと言っていい[53]。このとき、もちろんふつうの相談0は理論的前提を共有しないものとして脱価値化されることになるだろう。ベタな心理療法論は不寛容なのである。

以上のようなベタな心理療法論に対して、「メタ」な心理療法論の潮流を挙げることができる。それは臨床心理学や精神医学の外部でなされてきた仕事である。その嚆矢《こうし》として、レヴィ＝ストロースの精神分析論を挙げることができる。

レヴィ＝ストロース[54]は精神分析とシャーマニズムの比較を行い、それらが共に人間の象徴機能を利用した治療であり、精神分析では「個人的な神話」を患者が自ら創造するのに対して、シャーマニズムでは「社会的な神話」を外から与えられるという点に差異があることを示した。重要なことは、レヴィ＝ストロースが精神分析理論を飲み込まず、それを宙吊りにしたままで、その構造のみに基づいて「心理療法とは何か」に答えようとした点である。このようなやり方を「メタな比較心理療法論」と呼ぶことにしよう。異なる理論的前提をもつ治療同士を比較し、そこにある同一性と差異を浮かび上がらせるやり方である。

このようなメタな比較心理療法論は人類学・社会学・宗教学・歴史学・哲学・教育学・ジェンダースタディーズといった人文社会科学で広く行われており[55]、心理療法を再考する努力が続けられてきた。それだけではなく、これらの仕事にインスパイアされた臨床家自身も文化精神医学[56]や心理療法統合研究[57]の範疇で、メタな比較心理療法論を展開してきた。前提となる理論をベタに飲み込まずに、心理療法をメタに理解する努力が重ねられてきたのである。

なかでも包括的な仕事をなしたのが、医療人類学者クラインマンである。後述するように、彼は台湾でのフィールドワークを行い、西洋医学、東洋医学、民間療法を比較検討することで、心の治療に共通する構造を解き明かし、一般理論を確立するのに成功した。それは人類学を超えて、広く臨床家にも参照されている強度のある理論である[58]。

そこで、ここからはクラインマン理論に沿いながら、ふつうの相談0について吟味してみたい。ふつうの相談0の理論的前提を明るみに出し、それがいかなる構造をなしているのかを見てみることとしたい。

1―2 ふつうの相談0の位置――ヘルス・ケア・システム理論

最初に確認しておきたいのは、ふつうの相談0の位置である。ここまで「草原」と呼んできたものは、メンタルヘルスケアの地図のどこに存在していたのだろうか。この点について、ヘルス・ケア・システム理論が参照枠になる。

クラインマンはあらゆる社会に、人々が心身の不調に対応し、健康を追求するための仕組み（ヘルス・ケア・システム）が備わっているとし、それは以下の三つのセクターから構成されているとした[59]（図❹）。つまり、社会的に公認された専門家たち（たとえば、現代日本であれば医者など）による専門職セクター、占い師や拝み屋のようなオルタナティブな専門家たちによる民俗セクター、そして「職業でなく、専門家が動くのでもない、素人の民間文化」であり、「知り合いや隣人、親類、さらに素人の権威者に助言を求める」民間セクターである。言うまでもなく、ふつうの相談0は民間セクターに位置づけられる。

図❹からもわかるように、民間セクターが専門職セクターや民俗セクターに比べてはるかに大きな範囲をカバーしているのが重要だ。実際、私たちは体調不良になったとしても、ほとんどの場合は病院などに行くことなく（専門家を利用することなく）、いつもより

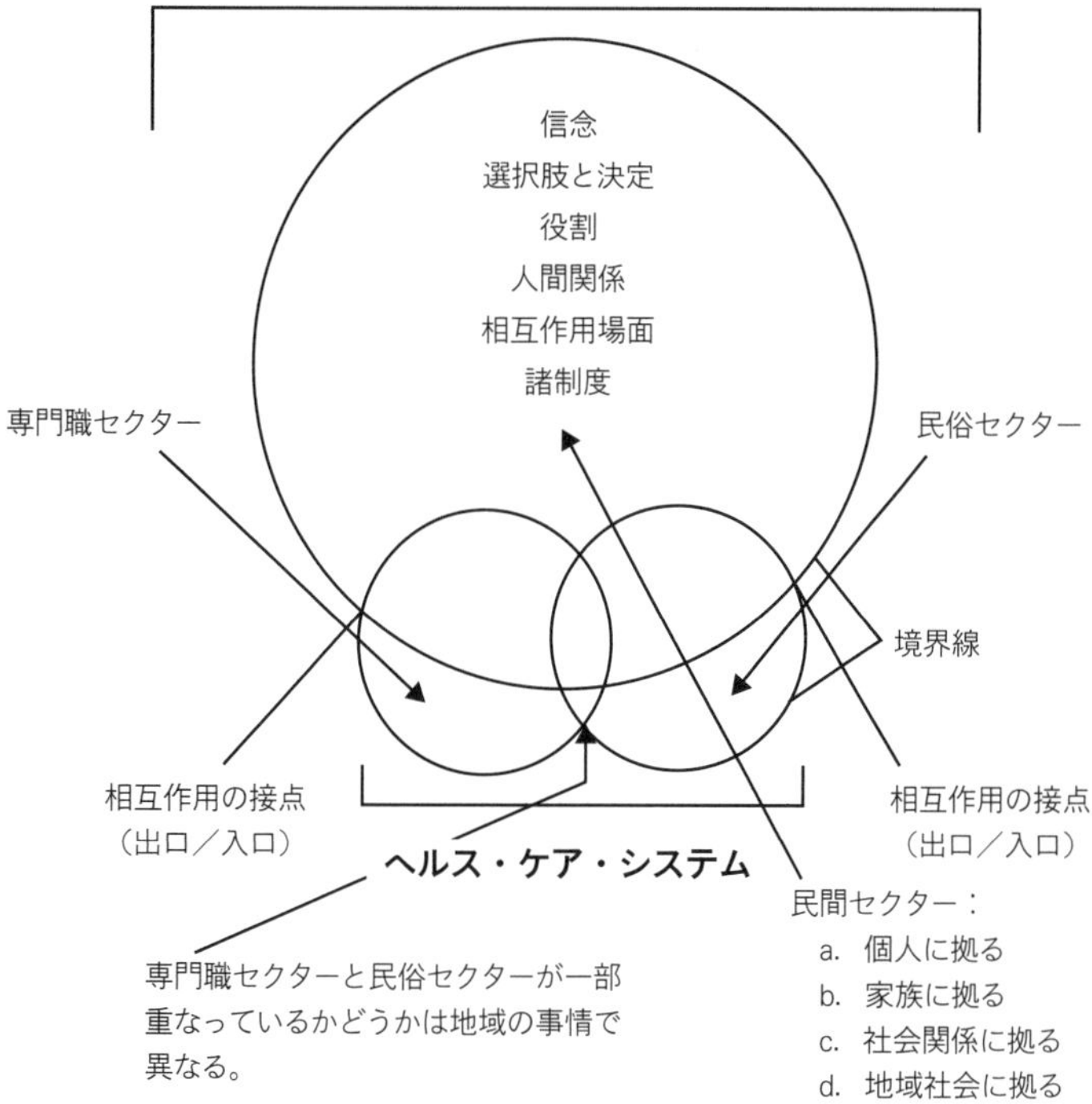

図❹　地域のヘルス・ケア・システム——その内部構造

早く寝たり、栄養のつくものを食べたりして、自分で自分のことを治すではないか。心身の不調の多くは民間セクターの枠内で処理されているのである。

専門職セクターや民俗セクターに問題が持ち込まれるのは、民間セクター内で処理しきれなくなったときである。いくら休んでも体が回復しない、手を尽くしたがどうしても子どもが学校に行けない、理由もわからない。そういうときに、人々は専門家のもとを訪れる。ただし、実のところ、専門家によってなされることの多くは、民間セクターで行われるケアの再起動に過ぎない。薬を処方されたとしても、飲むのは本人であるし、不登校支援の中核は家族や学校においていかにサポートを可能にするかである。心の不調に関していえば、家族や友人、同僚との間でサポートを得られるようになることが回復の兆しであり、原因であり、そして結果でもある。

以上の観点を踏まえると、序論に挙げたピンスカー[60]の図❶は、図❺へと改訂できる。ピンスカーは専門職セクター内部のみに視野を限定して、右端に精神分析、左端にサポーティブ関係を置いたスペクトラムを描いた。ただし、実は左端のその向こうに民間セクターの大草原が広がっている。そこにふつうの相談0が繁茂していて、サポーティブ関係はそのごく一部でしかないということだ。

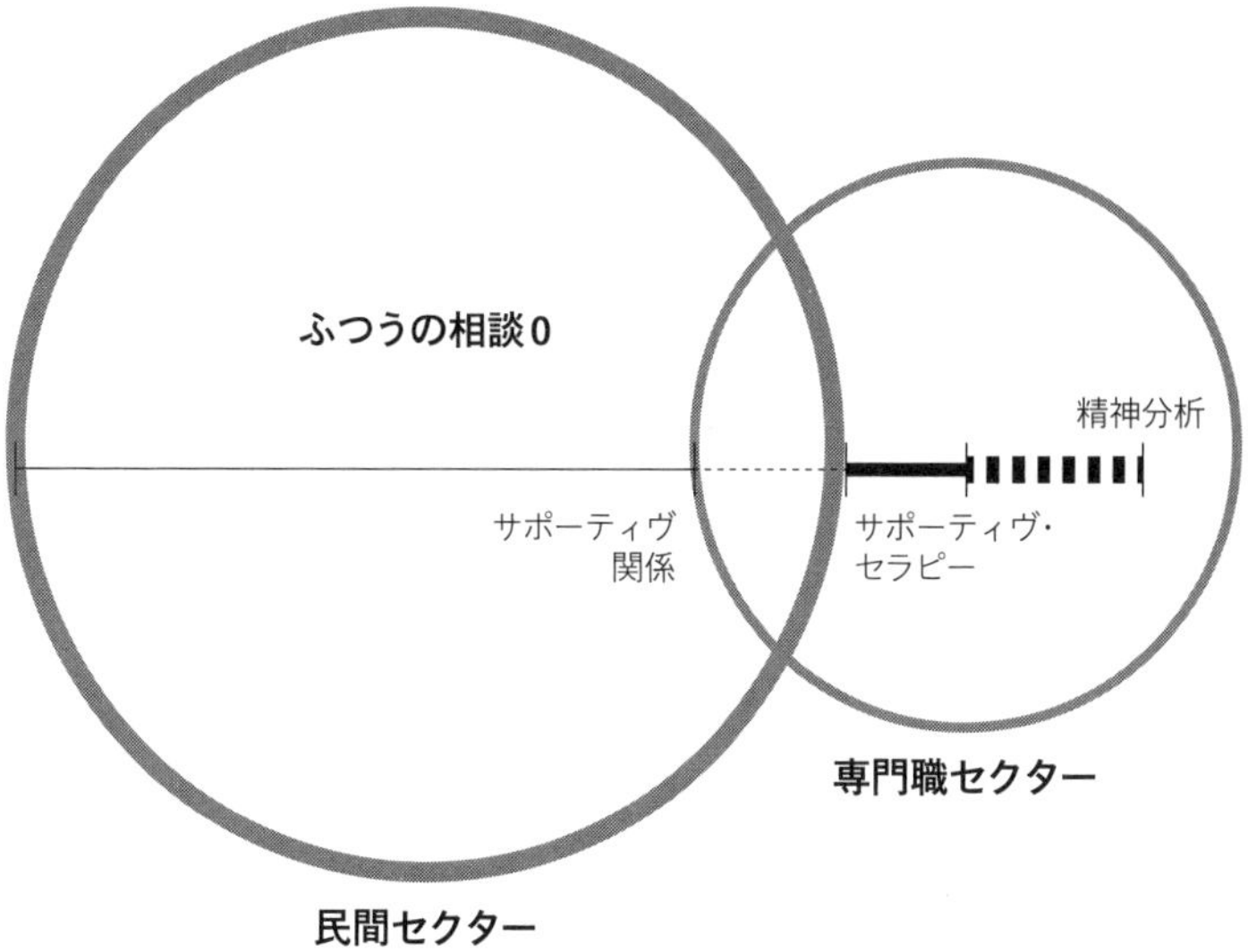

図❺　ふつうの相談0・民間セクター・専門職セクター

ふつうの相談0がメンタルヘルスケアのアルファであり、オメガであるという本論の指摘は決して新奇なものではない。専門家による心の治療にオブジェクションを呈し、その代わりに素人的な心のケアを提唱することには長い伝統がある。古くは反精神医学や日本臨床心理学会の改革運動が、専門性のもつパターナリズムを批判して、コミュニティによる素人同士の治療の有効性を提起したし[61]、ロジャースの非指示的心理療法やエンカウンターグループが、専門性を高める精神分析と行動療法に抗して、人間的な出会いを重視したことを思い出してもよい[62]。あるいは昨今の自助グループ、当事者研究、オープンダイアローグの興隆にも同様の文脈が流れ込んでいることだろう[63]。メンタルヘルスケア業界には素人性と専門性が対立してきた歴史があり、結局のところどちらかが白旗を揚げることはなく、対立が反復され続けてきた。「心」というものを扱うときには、素人性と専門性のいずれに寄りすぎても非人間的になってしまうということなのであろう。臨床は原理主義と相性が悪いのである。

1—3 ふつうの相談0の構造

ふつうの相談0の位置づけを確認した今、次にその構造に入っていきたい。これを明らかにするためには、クラインマンの説明モデル理論が役に立つ。

1—3—1 説明モデル理論

説明モデル理論とはさまざまな治療に共通するミクロなコミュニケーションの構造を明らかにしたものである。端的に言ってしまえば、臨床家とユーザーがそれぞれの説明モデルを交換し、交渉し、共有することによって、治療的回復が水路づけられることを示した理論である。

説明モデルとは「臨床過程に関わる人すべてがそれぞれに抱いている病気エピソードとその治療についての考え」であるとクラインマン[64]は定義しているが、要は「なぜ病気になり、その病気はいかなるメカニズムで成立しており、それはいかなる治療法で対処され、いかなる予後が想定されるのかについての一貫した理解[65]」のことである。

たとえば、台湾の呪術師であるタンキー（民俗セクターの治療者だ）は、仕事で打撃を受けて、さまざまな身体症状と精神的抑うつを示す男性に次のように言う。

おまえは確かに落ちこんでいる（ことばに力がはいる）が、それは仕事運が悪く大金を失ったからだ。なぜそうなったかというと、おまえの弟の霊のせいなのだ。弟さんはいまあなたに災難をもたらしている。[66]

なぜ病気になったのかの因果関係が以前焼死した弟の霊に求められている。その上で、タンキーは霊を慰撫するために、家の祭壇に食物を供えるように助言する。霊的な儀礼が治療的な介入になるということだ。

治療全体を構成しているのは霊的な物語である。問題を霊的に解釈し、霊的な儀礼を行い、その結果を再び霊的に解釈することで、治療は進められていく。タンキーの治療は霊的説明モデルによって、つまり「霊すること」で成り立っている。

同じように、心理療法家は「心理学すること」[67]、精神科医は「生物学すること」、ソーシャルワーカーは「社会すること」に基づいて治療を行う。あるいは、古代ストア派であれば「哲学すること」によって心の哲学的治療を行っていたことを思い出してもいい。[68]

こういうことだ。治療者は特定の理論的枠組み＝説明モデルを用いて、ユーザーの抱えている問題を定式化し、説明し、それに基づいて介入する。そのプロセスで治療者とユーザーは説明モデルをコミュニケートし、交渉し、修正しながら共有することになる（共有できないとその治療は中断することだろう）。この共有された物語に沿って、ユーザーの変容が成されるのである。詳細はクラインマンの原書や、それを解説した拙著[69]を参照してほしいのだが、説明モデル理論が示す治療の一般的構造は以上のようなものである。

ここで重要なのは、治療というものが説明モデルを通じて、人間をある種の生き方へと象《かたど》っていく営みであることだ。タンキーによる霊的治療に癒されるならば、ユーザーは霊的存在に畏敬を払った生き方をすることになるだろうし、マインドフルネスによって癒されるのであれば、その人は日々をマインドフルに生きることになる。説明モデルとは、単なる知的な枠組みではなく、人々の象徴体系を組み替え、特定の主体化を促すリアルな媒体なのである。

心の治療は生き方を象る。これが『野の医者は笑う』[70]という本で私が得た最大の洞察であり、その後、今に至るまでのすべての仕事を駆動している第一公理である。異なる治療は異なる治癒を生み出し、異なる生き方へとクライエントを導く。この点で心の治療とは本質的には倫理的／道徳的営みであり、ともすれば宗教的な営みでもある。したがって、どの治療が善いのかは、そのクライエントがいかなる社会的環境で生きているのかによって変わってくることになる。これが医療人類学を経由することで見えてくる心理療法の姿であった。以下の議論はこの前提から出発している。詳細については最近の拙論[71]を参照願いたい。

ベタな心理療法論とメタな比較心理療法論の差異はここにある。前者は説明モデルを鵜呑みにすることで成り立っているが、後者は説明モデルを吟味する。その説明モデルが人間をいかに象ろうとするか、そこにある価値観を明るみに出すのである。ならば、ふつうの相談0の場合はどうだろうか。

説明モデルの深い力を理解する上では、技法と理論の関係を見るのが有益である。一般的には技法は理論と独立して機能するものだと捉えられがちである。しかし、実際には技法は空虚な容れ物に過ぎない。たとえば、『野の医者は笑う』[72]では自己啓発系の治療者が箱庭を用いていることを報告したが、そのとき箱庭はユング的な個性化ではなく、自己啓発的な自己実現を促すものとして機能していた。あるいはマインドフルネスもまた、認知行動療法家が行う場合と、市井のスピリチュアルヒーラーが行う場合とでは全く異なるように機能する。同じ技法がセルフモニタリングの方法として機能することもあれば、霊的な目覚めの方法として機能することもある。技法という空箱には、仏教でもストア哲学でも認知行動理論でもなんでも詰め込める。そして、そこに詰め込まれた思想が、ユーザーの生き方を再構成していくのである。技法は説明モデルという血液によって生きたものとなる。この点で理論は技法に優越する。それはアセスメントが介入に先行するのと同じ構造である。

1－3－2　ふつうの相談0の説明モデル

ふつうの相談0とは民間セクターで交わされている素人同士による治療であった。それゆえに、そこで機能している説明モデルは専門的な理論に基づくものではない。素人たちが素朴に抱いている自己や他者の心についての理解こそが、ふつうの相談0の説明モデルである。

この素人の説明モデルを明らかにする上で、補助線になるのが精神科医・中井久夫の仕事である。とりわけ、個人症候群と熟知性という概念は重要である。これにカントの世間知という概念[73]を付け加えることで、ふつうの相談0がいかなる説明モデルによって営まれているのかを明らかにしよう。

1―3―2―1　個人症候群

中井[74]は人々が病気、あるいは心身の不調を認識するありようとして「普遍症候群」「文化依存症候群」「個人症候群」の三つのアスペクトを挙げた。それらは三つの別の種類の病があるということではなく、同じ病には光の当て方によって三種類の見え方がありうるということだ。

普遍症候群には、DSMやICDのように西欧近代医学の中で発展してきた診断カテゴリーが該当する。たとえば、「統合失調症」や「双極性障害」などは記述的な診断基準があり、診断は客観的な観察によってなされるため、文化を超えて「普遍」的に適用可能である（とされる）。このとき、その管轄は専門職セクターにある。誰に診断を下す権利があるのか、その診断をどのように運用すべきかが制度的に定められている。ここには当然権力が生まれる。会社を休職するためには医師の診断書が必要であるように、現代のパブリックな制度を利用するにあたっては、専門職セクターにおいて普遍症候群の診断を得る必要があるのである。

これに対して文化依存症候群は、たとえば日本における「キツネツキ」、沖縄における「カミダーリ」、東南アジアの「アモック」のように、それぞれの文化に固有のローカルな診断カテゴリーである。「カミダーリ」とは「ユタ」と呼ばれるシャーマンの成巫《せいふ》過程に与えられる診断名であるが、この診断が現実的に機能するためには、沖縄文化における霊や祖先崇拝などの民俗的コスモロジーが共有されている必要がある。したがって、その管轄は民俗セクターにある。カミダーリの診断者は先輩ユタであり、普遍症候群的には「統合失調症」や「解離性障害」などと名指されうる状態を、「ユタになっていく人」として再定義することで、その不調をローカルなコミュニティの内側に位置づけ直すことが試みられるのである。

文化依存症候群は決してエキゾチックなものではない。たとえば、痩せを追求する「摂食障害」が欧米文化を文脈とした文化依存症候群とされたり、空気を読むことを重視する日本で「アスペルガー症候群」が多く診断されるのも文化依存症候群とされたりする議論が存在するように、[75] それは私たちが生きている文化にも存在する病のアスペクトだ。文化的な規範があるときに、それがもたらす副反応も存在する。すべての文化がそれぞれに固有の文化依存症候群を抱えざるをえないのである。この視座から言うと、力動的心理療法を学びはじめた初心の治療者が盲目的に内面や深層の変容に固執してしまうのを「セラピー病」と言えるかもしれない。本論はそのような心理療法文化における文化依存症候群への処方箋でもあるし、当事者としての私の回復プロセスの副産物でもある。

最後に、個人症候群は極限的にミクロな診断カテゴリーである。中井自身は「創造の病」を例として挙げているが、要は不調を個人の人生を文脈として物語ろうとするときに現れる「病名」だと言えよう。

たとえば、自分を振り返ると、「出版前空想」と「出版後うつ」を一連のエピソードとする個人症候群を見出すことができる。「出版精神病」とでも言えばいいのだろうか。

本を書き終わり、それが出版されるまでの数ヵ月、私は誇大空想と被害空想を行き来する。本が激賞され、爆発的に売れるのではないかと想像して悦に浸る一方、「つまらない」とこき下ろされたり、予期せぬ不備が見つかって社会的非難を浴びたりするのではないかと怯える。乱高下による興奮状態は、出版後には抑うつに取って代わられる。いずれの空想も実現せず、本はひっそりと出版され、特に大きな話題になることもないままに、ひっそりと書店の店頭から姿を消していく。この喪失体験は大きくて、しばらくの間、活動は停滞し、気分が塞ぐ。私の場合、この抑うつに耐えるためのコーピングが原稿をコツコツ書くことだ。関心を外的世界から内的世界へと引き戻すのである。この期間が数ヵ月、一年と続くと、原稿が溜まっていき、一冊の本になる。ここまでくると、再び「出版前空想」がやってくる。このサイクルが私の持病である。もちろん、これを「双極性II型」とか「自己愛性パーソナリティ障害」などの普遍症候群の言葉で記述することは可能だろうが、あまりメリットはない。というのも、この病に対する一番の治療は本を書かないことなのだろうが、それは病気を超えて、私の人生にとって根源的な問題となるからだ。これが個人症候群である。さまざまな個人史が絡み合って、私は本を書かざるをえない。私は本を病んでいる。それは個人的な意味に満ちた病なのである。

個人症候群の管轄は民間セクターにある。自分自身で「俺は毎回こんな感じになるな」

と思ったり、周囲の人が「熊倉さんってこういうとき、調子悪いもんな」とか「山崎くん、今試練の時期だよな」などと心配したりしているとき、その不調は個人症候群として扱われている。

もちろん、以上の中井久夫による三つの症候群とクラインマンのヘルス・ケア・システムの対応はゆるいものである。昨今の「発達障害」言説はもともと専門職セクターの管轄下にあったものが民間セクターでの日常語彙になっていったものだと言えるし、「HSP」はその管轄権を現在進行形で三つのセクターで争っているところと言えよう（飯村[76]にそれがよく表れている）。

それでも、このゆるい対応は有用な補助線となる。ふつうの相談0とは、まさに不調を個人症候群として扱っているときに生じるものだからである。ならば、個人症候群として扱うとはどういうことなのか。これを中井は「熟知性のなかで起る治療」と表現する。

1―3―2―2　熟知性

個人症候群の前提となるのが熟知性である。つまり、「よく知っている」ことである。「山崎くん、今試練の時期だよな」と心配するためには、彼がどういう人であり、どういう来歴で生きてきて、そしてどのような近況にあるのかをよく知っている必要がある。それらを知っているからこそ、普遍症候群的には「気分障害」に見えるものが、「人生の危機」という個人症候群に見えてくるのである。熟知性は不調を個人の物語にまとめあげるための膨大な材料を提供してくれる。

実際、私たちがふつうの相談0をもちかける相手は、そのような熟知の間柄にある人たちではないか。中井は「熟知性のなかで起る治療」について、幼馴染の仲間集団を例に挙げ、メンバーの誰かが人生の危機に陥るたびに、古い友人たちが集って、陰に陽に支援を行った自身の経験を記している。同じように、私たちも困ったことがあったとき、同僚や友人、師や家族などのよく知っている人にふつうの相談0をもちかける。

熟知性のもとでは、「よく知っている」からこそわかるアドバイスや配慮がなされるが、もちろんそれらの対応は千差万別である。ふつうの相談0には標準的なマニュアルはなく、相談者が何に傷つきやすいか、何によって支えられるかに応じて、ケース・バイ・ケースの応答がなされる。そこに環境調整もあるだろうし、問題の知的整理もあるだろうし、傾聴もあるだろうし、ときには直面化もあることだろう。それらが日常にあった関係性の延長上で「自然に」なされるところにこそ、ふつうの相談0の真骨頂がある。

逆に言うと、そのようなケース・バイ・ケースの応答ができなくなるときに、ふつうの相談0の限界がやってきて、相談者は民間セクターから専門職セクターや民俗セクターへと場所を移すことになる。家でケアすることができなくなり、友人にもどうしたらいいかわからなくなるときにはじめて、専門家への相談が選択肢に浮上するのである。

このとき、熟知性は破綻をきたしている。「よく知っている」はずの人がよくわからなくなっている。そういうときに、専門知が役に立つ。わからなくなってしまった人をわかるものにしてくれるからだ。たとえば、「なんでやる気がないのかわからない」「なぜあんなに怒りっぽいのか」と周囲が扱いあぐねていた人は、「うつ」と診断されることによって再び理解可能な人になる。この意味で、専門知とは本質的に「補助線」である。[77] こんがらがって把握しがたくなったものに、一本の線を描き入れる。すると、そこにあったものの形が見えるようになる。

ここから逆説的ではあるが、専門知の説明モデルと対照される、ふつうの相談0の説明モデルが浮かび上がってくる。ふつうの相談0の説明モデルとは、精神科医が「うつ」と診断するときに参照している精神病理学に対する「精神正常学」であり、心理士が「トラウマ状態」と見立てるときに参照している異常心理学に対置される「正常心理学」である。

ここでの「正常」には善悪の価値づけがあるわけではない。日常的で一般的な、つまり「ふつう」のときの人間の心という程度の意味である。私たちが日常の対人関係で「ふつうならこう考えるだろう」「ふつうだとこうするだろう」と考えているときに前提とされているのが精神正常学・正常心理学という説明モデルである。

　こういうことだ。ふつうの相談0は不調を個人症候群として扱う。そのために熟知性を通じて、膨大な情報が収集される。これらの材料からその個人の物語を生成するのが精神正常学・正常心理学である。「試練の時」とか「冬の時代」という物語のプロットを、素人たちの説明モデルが提供するのである。この「ふつう」をめぐる精神正常学・正常心理学をより広い文脈で捉えるのがカントの「世間知」概念である。

「熟知性のなかで起る治療」は専門家が行うことは基本タブーだが（家族による外科手術やカウンセリングは禁忌であるように）、中井[78]が「小規模な熟知者のみより成る社会の歴史が人類史の大部分を占めている」（傍点原文）と指摘しているように、バンド生活や村落社会では、皆がよく知っている中で生活し、ふつうの相談0しか治療手段がなかった。それは人間の基本的なありようなのである。その後、都市が成立して、私たちが非熟知者に囲まれる生活を始めるようになると、徐々に治療の専門家（非熟知者である）が必要になる。熟知性の欠如を専門知によって補うということである。ただし、実は専門家もまた熟知性を利用してその仕事を行うことがあるというのも否定しがたい事実であろう。たとえば、親の代からお世話になっている地域のかかりつけ医のケア力には熟知性から汲み出されている部分が相当あるだろう。心理士にもそういうところがある。五年以上長い経過を共にしているクライエントとの間にある馴染みの感覚は、もちろん馴れ合いの部分もあるだろうし、軌道修正やモチベーション確認の手続きが必要となることもあるのだろうが、そこにある熟知性がサポーティブな機能を果たしていることもままある。そういう支えが必要なときもあるのである。

1−3−2−3 世間知

世間知とはカントが「学校知」と対置した知のありようである。[79] つまり、学校で学ばれる知（哲学にしても、臨床心理学の専門知にしても）とは異なり、学校を出た後に世間を生きていく上で学ばれる人間と社会についての知のことだ。

私たちは専門知を勉強すると同時に、人生に挑み、生活を営んでいく中で、人間とはいかなる存在であるのか、社会とはどのような場所であるのかを少しずつ知っていく。そして、どのようにすると生きやすくなり、何をしてしまうと生きづらくなるのかを学んでいく。この一般的には「常識」とか「良識」と呼ばれるような知の総体が世間知である（中村[80]の「共通感覚論」が参考になる）。〈ふつうの相談〉についての第1部でしばしば「常識」に言及したのは、この世間知を意識してのことだ。

世間知は私たちが日常におけるさまざまな問題を取り扱うときに機能している。たとえば、職場の同僚を怒らせてしまったとき、どのようなメールを送るか、その後どのようにして付き合えばいいかを考えるための指針は世間知からもたらされる。「ちゃんと謝って、ほとぼりが冷めるまでちょっと距離を置けば、元の関係に戻れるだろう」という判断は、その同僚についての熟知性と、これまでの経験の集積から得られた対人関係についての世間知から導き出される。

これがふつうの相談0を駆動している。友人からの人生相談を受けて、「そういうときは焦らずにチャンスを待った方がいいよ」とか「まずは動いてみた方がいい、やってみないとわからないこともあるから」とアドバイスをするとき、私たちは世間知を参照して、それを説明モデルとすることで、指針を汲み出しているのである。

ここで世間知をより詳細に理解するために分解してみたい。そこには相互に関連した二つの構成要素がある。ひとつはフォークサイコロジー（folk psychology）＝「人間とはいかなる存在か」であり、もうひとつはフォークソシオロジー（folk sociology）＝「社会とはどのような場所か」である。

先に指摘した精神正常学・正常心理学がフォークサイコロジーである。これをブルーナーは「人間がいかに『暮らしていく』のか、われわれ自身の心と他の人々の心はどのようなものなのか、ある状況下での活動がどのようなものと予測できるのか、それぞれの文化に可能な生き方とは何か、どのように他者と関わっていくのかなどについて、それらを多少とも関係づけ、標準的な形で述べるもの」と定義している。[81] それはいわゆるアカデミックな心理学とは関係なく、市井の人々誰もがもつ心についての素朴な理解のことである。

心理学科に進学すると、周囲から「人の心を読めるの？」とからかい気味に訊かれ、困惑するものだが、あれはフォークサイコロジーの名手であることを期待されるからと言えよう。これに対して「心理学ってそういうものじゃなくて、もっと科学的なものだから」とアカデミックな心理学について説明しようとすると場の雰囲気が壊れるのでやめたほうがいい、というのは心理学者としての世間知であろう。「読めるよ、今心なんて読めないだろってちょっとバカにしてるよね？」と笑いながら返すのがいい。このとき、心を読んでいるのがフォークサイコロジーである。

フォークサイコロジーの重要な機能は、自分や他者の逸脱的な行動を「あれは疲れているからだ」などと物語化することである。[82] たとえば、同僚の遅刻が増える。いつもとは違うことが起こっている。そういうときに、私たちは彼が半年前に壮絶な離婚をしたことを思い出し「あれだけのことがあったからしょうがないよ」と理解する。フォークサイコロジーは遅刻の背景に物語を見出す。すると、「今は仕事の負担を軽くしてあげよう」などの適切な対処をなすことができるようになる。理解し、介入する。これが説明モデルの働きであった。

ただし、世間知が提供するのは、そのような心の理解だけにとどまらない。もうひとつの側面がある。私たちを取り巻く社会がどのような原理で動いているのかについての素朴な理解である。これをフォークソシオロジーと呼ぶことができよう（こちらは既出があるかもしれないが、基本的には私の造語である）。

この場合の社会とは、マクロな現代社会というよりは、私たちの身の回りにある具体的でローカルな環境のことである。たとえば、大学教員人事において何が採用の決め手になるかは専任教員のような関係者であれば皆が知っていることだが、大学院生はよく知らない。ここには大学という小さな社会についてのフォークソシオロジーがあり、それに基づいて大学教員になるにはどう立ち振る舞うといいかのアドバイスが可能になる。

フォークソシオロジーは先輩の知である。部活の先輩でも、職場の先輩でも、地元の先輩でもなんでもいい。先輩とはそれぞれのローカルな環境に先に慣れ親しんでいる人のことであり、彼らはローカルな知を蓄積している。その場所にはいかなる社会的力動が働いているのか。それは私たちをいかに傷つけ、いかに支えるのか、そこではどのようにすると適応できて、いかにすると不適応になってしまうのか。これらについて、先輩は先に体験して、身をもって学んでいる。このような素人の知がフォークソシオロジーである。

まとめよう。世間知とは心と社会双方についての素人知を有機的に結合させたものである。これがふつうの相談0の説明モデルとなって、目の前の人の苦悩や不調を医学的疾患ではなく、「生きる」ことの個人的な困難として理解する。その上で、ふつうの相談0は心がどう変わるとよくて、環境の何が変化するといいのか、指針を出すのである。心は常に社会の中にある。心は社会を文脈とする。

このようにして、私たちの抱えるメンタルヘルスの問題の大半がふつうの相談0によって処理されている。ただし、もちろん、すべてではない。ふつうの相談0には限界もあって、専門家の力が必要になる局面がある。最後にこれを確認しておきたい。

1–4　ふつうの相談0の限界

ふつうの相談0の限界とはここまで述べてきた個人症候群・熟知性・世間知の限界である。民間セクターでなされる素人同士のケアは、熟知性が損なわれ、世間知が機能不全を起こすときに限界を迎える。つまり、問題を個人症候群として定式化できなくなるときに破綻する。それはどういうときなのか。

1―4―1　世間知の複数性

なによりも世間知が一枚岩ではないことが重要だ。世間知は複数である。[83] 団塊の世代とZ世代の世間知には異なるところが多々あるだろうし、ジェンダーやセクシュアリティ、社会階層によっても深い差異が刻まれていることだろう。それは無限に細分化されていく。小学校教師の世間知もあれば、大学教員の世間知もあるだろうし、寿司屋の世間知もあれば、中小企業社長の世間知もあるだろう。

この世間知の差異がふつうの相談0を破綻させる。高度成長期を背景とした大先輩のアドバイスは、新自由主義社会を生きる後輩からすると無理解な放言にしか聞こえない。彼らは生きている世間を共有していないからである。異なる世間を生きている人への世間知に基づいたアドバイスは、他者のリアリティを否定する非現実的なものになってしまう。世間知の価値は、それがプラクティカルであり、現実的であるところにあるわけだから、これでは本末転倒である。

1―4―2　世間知の規範性

第二に、世間知を常識とか良識と言い換えることができるように、それが基本的にその社会にあって共有された「ふつう」についての理解であることを限界として挙げることができる。

世間知には規範性が刻み込まれている。[84] それはそれぞれの世間において「どう生きるのがよいか」を教えてくれる。ということは、すなわち「どう生きるべきではないか」という抑圧にもなるということだ。世間知はマジョリティにとっては包摂的ではあっても、マイノリティや例外人にとっては排除として経験されやすい。世間知は権力関係を宿しているがゆえに、有害にもなりうるのである。そういうときには、自分を抑圧する世間から離脱し、別の世間へと移動することの方が助けになる。当事者グループに参加することにはそのような意味があるだろう。[85]

このあたりを秀逸に描いた小説としては朝井リョウ『正欲』[86]を挙げられよう。水に性的興奮を覚えるマイノリティたちがいかに世間知に傷つけられるか、そして自分たちが傷つかないための小さな世間をいかにして形成するのかが描かれている。重要なのは、昨今の「多様性」言説そのものが加害性を帯びた世間知として示されていることである。いかなる世間知も規範を抱えていて、その規範が排除を行うことがよくわかる。この点について文庫版では、私が解説を書いている。参照されたい。

1−4−3 熟知性の限界

最後に熟知性の限界について述べておきたい。端的に言って、熟知性とは「よく知っていること」なので、互いのことを「よく知らない」ときには機能不全に陥る。よって個人化[87]が進行し、それぞれが自己責任でリスクを抱える社会では、熟知性は低下せざるをえない。リスクを共有することが互いをよく知ることなのである。

たとえば、村落社会ではどこかのイエでトラブルが起きることが、村全体の安全を脅かしかねない。それゆえに、ムラの成員は互いの状況について熟知しておく必要があり、何かあれば手助けできるような態勢を整えておく必要がある。職場のチームも同じだ。替えがきかない状況では、同僚の抱えているリスクは自分のリスクでもあるから、お互いのことをよく知っておく必要がある。ここではリスクが共有されている。それゆえに、人々は不自由である。よく知られていることは、監視されていることでもあるのだ。

だからこそ、自由を原理とする社会では、各人のプライバシーが重視されるようになる。互いをよく知らない方が自由なのだ。しかし、そうなるとリスクは個々人に帰属するものになり、他者に関わることの方がリスクになってしまう。地域住民はそれぞれの家庭の事情を知らず、同僚の私生活にお互いに不干渉になる。そのような社会では、熟知性は失われ、不調を呈している人は周囲から浮き上がってしまう。このとき、ふつうの相談0は機能せずに、専門家による相談が求められることになる。

1―5　小括り――原石としてのふつうの相談0

まとめよう。私たちは日々の生活に生じた困りごとのほとんどを周囲の人に相談することで解決している。周りはそれまでの付き合いで積み重ねてきた熟知性を通じて私たちのことを知り、世間知を説明モデルとすることで理解し、対応を行う。そのとき、私たちの苦悩は「お前も大変だよなぁ」という「お前の水準」、つまり個人症候群のレベルで取り扱われることになる。この民間セクターの中で交わされている素人たちのケア／治療がふつうの相談0である。

ふつうの相談0は画一的なものではなく、多様である。なぜなら、相談を受けた人が今までにどのようにして生きてきたかが、ふつうの相談0を深く規定するからである。かつて誰かに癒してもらったようにして、あるいは自分で自分を癒したときのやり方で、私は目の前の友人を癒す。ふつうの相談0の多様性は人間の多様性そのものである。人はいろいろな方法で癒され、そこには多様な回復の形があるのである。この点で、個人症候群を扱うのは個人治療法であると言えるだろう。

実際、ふつうの相談0では支持に徹することもあれば、苦言を呈することもある。見守ることもあれば、あえて見捨てることもある。お節介を焼くこともあれば、不安を焚きつけることもある。思い出してほしい。あなたの人生にもたくさんのふつうの相談0があって、それらはてんでバラバラなものであったはずだ。その結果、ふつうの相談0はときに私たちを助けたけど、ときに私たちを傷つけてきたはずだ。

このふつうの相談0の多様性こそが心理療法の原石である。そこにはソーシャルワーク、認知行動療法、人間性心理学、精神分析、トラウマケアの諸要素が混ざり合って存在している。実際、心理療法が誕生するよりはるか昔からふつうの相談0は存在していた。古代ギリシャに、殷王朝に、メソポタミアに。いや、熟知の人しか周りにはいなかった文明以前から、苦悩を抱えた人々は自己の苦しみを語り、表現し、周囲はそれに応答してきたはずだ。この原石を使って、人々はトラブルが生じ続け、苦悩の尽きない生をなんとかかんとかやり過ごしてきた。それは人類のゼロ地点にあった営みなのである。

ふつうの相談0が限界を迎えたときに、学派的心理療法論が精錬され始める。素人による治療では苦悩が解消されず、傷つきが深まるときに、専門家はこの原石のうちの特定の部分を取り出し、他の部分を切り捨て、純化する。先鋭化させる。

精神分析というテクノロジーが、「告白」や「人間関係のもつれ」という日常的な対人関係の一コマを極限まで洗練させたものであることを思い出してほしい。同じように、ソーシャルワークがシステマティックな「お節介」であること、行動療法が科学的な用語に翻訳された「しつけ」であること、非指示的心理療法が神学的なまでに高められた「聞く」であることに気づく必要がある。

心理療法には身体医学と違って新発見はない。それは常に再発見である。今までに感じたこともなかった心の動きではなく、言われてみれば前から知っていた心の動きを精緻に言語化し、操作できるものにしたのが心理療法の創始者の功績なのである。日常に存在する「あるある体験」に注目し、純化し、教義化することで学派的心理療法論は生まれてくる。

準備は整った。空から俯瞰したときに、中心の草原地帯には原石としてのふつうの相談0が無限に転がっていて、辺縁の森では鍛冶職人たちが学派的心理療法論の純金を精錬しているところが見える。私の〈ふつうの相談〉や、あなたのふつうの相談は、草原から森までの一帯に分布している。さあ、いよいよ、ふつうの相談の秘密を解き明かすときだ。

2　ふつうの相談B

ふつうの相談0を精錬すると学派的心理療法論が生まれる。その途上で精錬を止めたときに産出されるのがふつうの相談である。このような見取り図を得た上で、思い出してほしいのは第1部で示した〈ふつうの相談〉である。

それは精神分析的心理療法というカードAのオルタナティブとして選択されるカードBであった。このとき、カードAとカードBはレストランのメニューのように並列されているものではない。そこで迫られているのは精神分析と認知行動療法のいずれをチョイスするのかという選択とは違う。つまり、カードA1、A2、A3……Anの中からひとつを選ぶ判断ではないのである。

カードBを選択するとは、背水の陣を敷くことである。カードBはそのクライエントを引き受けるためにある。つまり、リファーしたり、支援を断ったりするのではなく、自分のところで問題を預かる。本質的な解決ではないかもしれないが、ひとまずの解決を見出すために、手持ちの材料でなんとかしのいでいく。これこそがカードBという選択なのである。

ここからわかるのは、カードA（学派的心理療法論）とカードB（ふつうの相談）が異なる構造をなしていることである。カードAは内在したロジックによって自立している。自らの理論を説明モデルとし、そこから導き出される技法によってその臨床は自己完結している。しかし、カードBはカードAに依存している。ふつうの相談は学派的心理療法論から零《こぼ》れ落ちるものを融通無碍に用いる。この意味で「カードA以外のすべて」こそがカードBの構造である。ただし、ここでの「すべて」は、無規定にあらゆることが許容されるのではなく、「ふつうの相談0の範囲で」と但し書きが入るところがポイントである。玄米みたいなものだ。精錬を途中で止めるとは、ふつうの相談0にあった雑多な治療的要素を温存することなのである。

以上を踏まえて、カードBとしてのふつうの相談、つまり「ふつうの相談B」の構造を見ていくこととしよう。

2―1 カードAと学派知

まずは改めてカードAの構造を押さえておく必要がある。学派的心理療法論とは、クラインマンのモデルに従えば「学派知」を説明モデルとする治療のことである。

精神分析理論、認知行動理論、ユング心理学……、なんでもいいのだが、それぞれの学派にはそれぞれの理論体系がある。これを「学派知」と呼びたい。この学派知によって現実を解読し、そして臨床を構成するのがカードAである。

より詳細に見るならば、ここには、①理解、②価値判断、③介入の三つの契機がある。図式的単純化であるのは承知の上で例を挙げるならば、精神分析家はクライエントの問題を精神分析理論に則して「投影同一化によって不安を排泄《はいせつ》している」と「理解」する。[88]すると、直ちに投影同一化は原初的防衛機制であるから、より成熟した対処がなされた方がいいという考えがやってくる。つまり、不安は排泄ではなく、消化された方が望ましい、という「価値判断」がなされる。その上で、転移解釈などの「介入」が行われる。

精神分析では「健康—病理」という装いで「善—悪」が配置されている。それはたとえば、悪魔祓いにあって「神—サタン」というレトリックで価値判断が機能しているのと同じだし、革命において「共産主義—資本主義」の名のもとに社会の治療を行おうとするのと同じである。もちろん、精神分析に限らない。あらゆる学派知には規範——善悪の価値判断——が埋め込まれているということだ。このように、レトリックの向こうで同じ構造が機能していることを明らかにするところに、説明モデル理論の強力さがある。

これらが水銀のように滑らかに連続しているのが学派知の特徴である。①理解、②価値判断、③介入はパッケージとなっていて、それによってクライエントの生を包摂し、ある形へと象っていく。これを北中[89]は「主体化」と呼んだわけだが、要は学派知が「健康」だとする生き方へクライエントを導いていくことである。この点についてはスピリチュアルヒーラーと精神分析の共通性を描いた拙著[90]に詳述されている。

カードAが純金に喩えられるのは、学派知がピュアに志向されるからである。それゆえに、カードAは切れ味が鋭い一方で、その刃によって傷つく人も出てくる。精神分析的主体化は人を幸福にすることもあるし、不幸にすることもあるのである。認知行動療法的な生き方で救われる人もいれば、損なわれてしまう人もいる。学派知はラディカルであり、それは極端な生き方を象る。この行き過ぎを補正するのが、カードBである。

もちろん、カードAの精神分析が害になるときに、カードA2として認知行動療法を選択することもありうるだろう。ただし、いつでもそれが可能なわけではない。リソースが足りないという現実的な事情がまずある。複数の学派知を一人の心理士がインストールするのは簡単なことではないし、カードA2を専門とする信頼できる治療者とのネットワークが常にあるわけではない（クライエントがそこに通えるかという地理的な問題もあれば、その治療者に空き枠があるかという問題もある）。しかしより重要なのは、カードA2でもクライエントが不幸になってしまう場合があることだ。このとき、私たちはカードA3、A4、Anを探し求めねばならなくなる。

ここにあるのはマッチングの発想である。認知行動療法を必要としている人には認知行動療法家を、精神分析がマッチする人には精神分析家を直ちに紹介できるようなシステムがあればいいのに、というリファーの制度的充実が心理士やカウンセリングサービスを提供する事業者によってしばしば語られる。私自身もかつてそのように素朴に考えていたこともあった[91]。各人が自分の専門をもち、それに適したクライエントを相互に融通し合うという発想だ。ただし、これは夢想にとどまる。

専門性の高い治療者が現状十分な人数存在しておらず、そのようなネットワークを整備することが困難であるという現実的な理由もあるが、それは本質ではない。より訓練を充実させ、質の高い専門的な治療者を生み出せば問題は解決するというのが、ここ三十年の各学派の戦略であったわけだが、今後いかに心理士の養成が進んだとしても夢のリファーシステムは実現しないように思う。

問題はより原理的だ。第一にそれぞれの学派的心理療法がターゲットとする問題たちを総計したとしても、現実の苦悩の総体には遠く及ばないことだ。純金たちは現実をカバーするには狭すぎて、多くのクライエントが夢のリファーシステムからあぶれてしまうことだろう。第二にユーザーの側から見るならば、私たち専門家に期待されているのはなによりもひとまず問題を引き受けることなのである。もちろん、引き受けられない問題は存在するのだが、カードAnによる華麗な治癒でなくとも、カードBで現実的なやりくりがなされることは、本人や家族、その他のステークホルダーにとって大きな価値がある。社会で生じた苦悩は誰かが預からなくてはならない。この「預かる」機能こそが、治療者というものの核心的な社会的役割なのである。

2-2 〈ふつうの相談〉を読み解く

ならば、ふつうの相談Bはどうか。これを序論で挙げた風景3を参照しながら、具体的に考えてみたい。それは夫と息子の不和に悩む女性との〈ふつうの相談〉であった。

このクライエントに対して、私のカードAである精神分析的心理療法は適当ではなかった。彼女の主訴は家族関係の調整にあり、自身のパーソナリティの変化にはないからだ。

問題は内側ではなく、外側にある。だとすると、家族療法での対応がベストであったかもしれないが、それは私の手持ちのカードではなかったから〈ふつうの相談〉での対応となった。日々の様子を聞きながら、夫や息子についての理解を提供し、対応の仕方をアドバイスするカウンセリングである。

このとき、「理解」自体は学派知を通じて行われているのが重要である。家族それぞれのパーソナリティや彼らの間で生じている関係性について、私は精神分析理論の文脈で理解している。たとえば、夫のことを「抱える環境」の欠如や、息子の中にある良き対象が彼女には向けられていることを理解している。そして、彼女自身が「嫌になっちゃいます」とどこか破壊的になっていることを理解している。私はどうしても、精神分析理論のレンズを通して心を見てしまうのである。

ただし、そこで彼女の破壊的な部分がワークされるべきだとは思わなかった。もしかしたら彼女の破壊的な部分が家族関係の混乱において重要な役割を果たしているのかもしれないが、実際のところそれは「ふつうだったら」嫌になってしまう局面であるように思えたからだ。このとき、私の中で働いているのは学派知ではなく、世間知である。

その結果、彼女の破壊性は文化的に許容されるやり方で充足されたらいいと思ったので、高い買い物でもしてストレス発散したらどうだろうか、とアドバイスをした。ふつうの相談0的な介入である。実際、それは素人臭いアドバイスであったけど、彼女にとっては孤独を和らげるものとして響いたのではないか。彼女の破壊性はここでは「ふつう」のものとして扱われた。そのとき、彼女には人間として扱われた感触が残ったと思うのである。

2-3 ふつうの相談Bの構造

こういうことだ。ふつうの相談Bにおいては、理解は学派知においてなされるが、価値判断の局面においては世間知による補正が入る。学派知が促す精神分析的主体化（精神分析的な健康や生き方）は、世間知に含まれる健康観――文化的に許容される生き方――によって和らげられる。そのために、介入としてはふつうの相談0の技法がとられる。

ふつうの相談Bの主戦場は価値判断の局面にある。ここで学派知と世間知は接触し、拮抗し、交渉し、妥協する。そのようにして、クライエントがどう変わるのがいいか、どうなると生きやすいかの判断がなされる。その臨床で何を目指すのかをめぐって、つまり治癒像や生き方という価値の次元において、二つの説明モデルの葛藤が生じるのである。

心の治療とは本質的に生き方の変化をもたらすものであり、価値観に修正をもたらすものである。[92] この点で、純金になるまで精錬されたカードAの価値観はラディカルである。説明モデルが徹底されるからである。そして、価値がラディカルであるからこそ、民間セクターでは処理しきれなかった問題に対して、オルタナティブな解決をもたらすことができる。

　これに対して、ふつうの相談Bの価値観は穏健であり、マイルドである。世間知は凡庸な生き方を、つまり「ふつう」を評価する価値体系なのである。それゆえに、ふつうの相談Bは、カードAが純化する上で切り捨ててきた日常の諸価値を復権する。精神分析であれば環境調整の価値を、ブリーフセラピーであればうじうじと悩むことの価値を心理療法に再導入する。すると、ふつうの相談Bはなまくら刀のようになる。

　ふつうの相談Bの原理は「悩ましさ」にある。問題となっているのが、塩梅であり、バランスであるからだ。学派知と世間知の間でふつうの相談Bに取り組んでいる臨床家は揺れ動く。そのような二つの知の調整によって、「カードA以外のすべて」を復権させる。つまりカードAによって禁じられた介入を部分的に回復する。これが精錬を途中で停止することとなのである。ただし、どの程度の段階で停止するかをめぐって、ふつうの相談Bはケース・バイ・ケースを原則として悩み続けねばならない。

2-4 小括り

ふつうの相談Bの構造を見てきた。繰り返しになるが、それは理解の上では学派知を主に参照するが、価値判断の局面では学派知と世間知が拮抗し、介入するときにはふつうの相談0の技法が導入される心理療法であった。

以上を踏まえると、ふつうの相談Bを図❻のように図示することができる。中心にふつうの相談0があり、そこにあった諸要素を純化していくことで専門的な心理療法が生ずる。その精錬のプロセスを途中で停止した雑味の混じった金属こそがふつうの相談Bである。

さて、これで議論は尽くされたかのように見えるかもしれないが、ここまでの話が面接室の中に焦点を絞った狭い議論であったことに気づく必要がある。

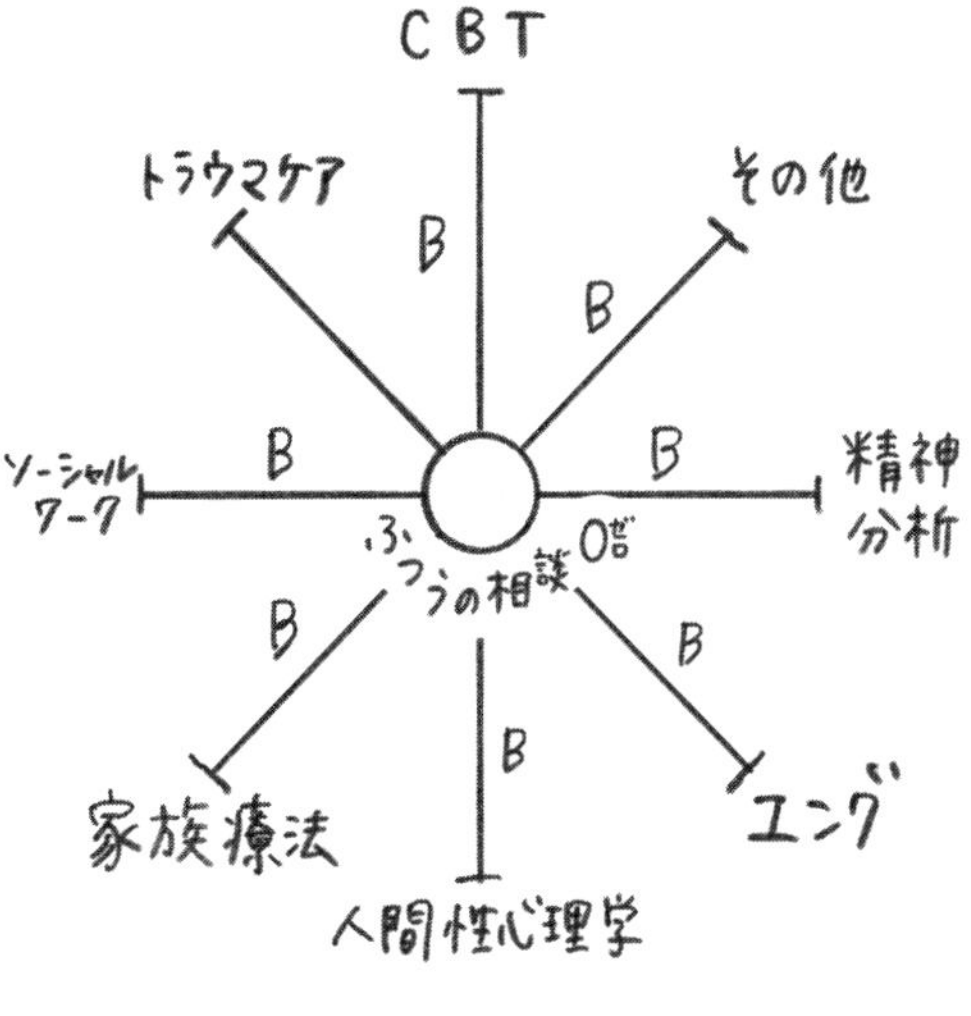

図❻ ふつうの相談Bの構造

密室に二人で行われるふつうの相談だけをここでは問題にしていたのであり、序論に示した風景1と2にあった日常場面のふつうの相談を扱いきれていない。ここまで私たちは理念的個室という心理療法論の呪いの中で思考をしてきたのである。そこから抜け出す必要がある。

私の〈ふつうの相談〉には精神分析と開業臨床という二つの前提があった。ふつうの相談Bは前者の文脈における学派知との関係を示したものであり、後者を度外視している。このとき、捨象されているのはふつうの相談がいかなる「現場」でなされているのかという問題である。

そう、まだこの論文は十分ではない。ふつうの相談をめぐる「現場知」、学派知とは異なるもうひとつの専門知こそが問われねばならない。ここから、臨床現場には昔から存在していたけれど、従来の臨床心理学をはじめ医学・看護学・教育学などのアカデミズムでは看過されていた領域へと足を踏み入れていくことになる。

二点、補足しておくことがある。ひとつは、ふつうの相談Bを冶金スキームではなく、精錬スキームで捉えることの利点である。もちろん、ふつうの相談Bを学派知と世間知の折衷とし、学派的心理療法とふつうの相談0の合金として捉えることもできるだろう。しかし、これがあくまで専門家中心のものの見方であることに注意する必要がある。冶金スキームは、たとえば純金の精神分析を所与の前提とするが（これを合金するのだから）、それはユーザーとは共有されない前提である。ユーザーはふつうの相談0から出発する。そこでの限界から専門職セクターの援助を求めたわけで、ふつうの相談Bこそが自然で、連続性のある道行である。その果てにカードAとの出会いが果たされることはあるにせよ、ひとまずふつうの相談Bとの出会いこそが、援助が有害になることを抑えるための配慮になるはずだ。この点で、冶金スキームは専門家中心の心理療法論だが、精錬スキームはユーザー中心の心理療法論だと言えよう。

もうひとつは、学派知をここまで心理療法の諸学派を例に挙げて説明してきたが、ここに「医学理論」「看護理論」「ソーシャルワーク理論」「教育理論」などを代入可能なことである。心理士に限らず、対人援助に関わる諸職種はそれぞれにカードAを備えている。それは教科書に記され、訓練で血肉化される理念型である。これを世間知によって補正することで、日々の臨床業務はなされている。この代入が重要なのは、本論が臨床心理学の枠組みを超えて、対人援助職全体のための一般理論（これをのちに「臨床学」と呼ぶことになる）を志向しているからだ。その真価は、次に論じるふつうの相談Cで明らかになるだろう。そこでは職種を超えて共有される臨床エートスが問題となる。

3 ふつうの相談C

ふつうの相談のもうひとつの次元に光を当てるために、序論の風景1と2に立ち返ろう。風景1は精神科デイケアでなされていた看護師によるふつうの相談であり、風景2は大学でなされた教員によるふつうの相談であった。これらを理解する上で、学派知と世間知が交渉するふつうの相談Bのモデルでは十分ではない。というのも、風景1のふつうの相談を導いているのは、看護学校で学ぶような学派知ではないからだ。そこにあるのは、その看護師がデイケアで働く中で得た経験知である。このような経験知は実のところ、心理士、作業療法士、医師、そして事務スタッフなどの同僚たちにも共有されていて、実際私も含めて皆が同じようなふつうの相談を行っていた。風景2も同様だ。そのふつうの相談は臨床心理学者である私に固有なものではなく(多少はそういう学派知の影響もあるにせよ)、社会心理学者も、哲学者も、生物学者も、あるいは教務課の職員も同じような対応をしたことだろう。かの女子学生のような退学相談は、あの職場では「あるあるネタ」であり、ありふれたケースであったのだ。

この同じ現場で仕事をしている人たちが共有している相談作法を「ふつうの相談C」

と呼び、そこで働いている説明モデルを「現場知」と呼びたい。"Clinical"のイニシャルとしてのCである。

3-1　現場知とは何か

体系的な理論であり、ユニバーサルに適用可能な知として精錬された学派知に対して、現場知は断片的でローカルな知[93]の集積である。それぞれの臨床現場には固有の作法や習慣がたくさんあって、それらはパスタの束のようにひとまとまりにされて、小さな臨床文化を形成する。

たとえば、精神科デイケアにはそれぞれの施設ごとにローカルな文化がある。頻繁にハイエースで外出をし、体育館でのバレーボール大会が一番の楽しみになっているデイケアもあれば、室内での手芸や調理、合唱が主な活動で、ミニゲーム大会を心待ちにしているデイケアもある。あるいは、都心のリワークデイケアでは、ワードやエクセルの練習をして、ソーシャルスキルトレーニングに励むメンバーさんを見ることができるだろう。

単に活動内容が違うという話ではない。実践されているプログラムの差異はローカルな現場知の観察しやすい現れにすぎない。現場知はデイケアの什器《じゅうき》の配置、スタッフの人員構成やそれぞれの役割、記録のフォーマットなど、ありとあらゆるところに浸潤《しんじゅん》している。このような臨床文化を形作っているのが現場知であり、同時に臨床文化の中から現場知が抽出されていく。

新しく入職した支援者は、まずその現場の臨床文化に馴染まなくてはいけない。そのプロセスで彼や彼女は現場知をひとつずつ学び、インストールしていく。同じことはユーザーたちにも言える。デイケアの支援をフル活用するためには、ユーザーたちはそこにある臨床文化を受け入れ、それに包まれる必要がある。デイケアに限らない。刑務所にも、学校にも、児童相談所にも、企業の人事部にも、それぞれの臨床文化があり、そこにはそれぞれの現場知が染みわたっている。

学派知だけでは現場で働くことができないのである。大学院を出た後に、私たちはまず現場知を学ばねばならない。そうすることで、同じ職場で働く人たちとの共通言語を使えるようになり、組織の一員として支援を担当することができるようになる。「連携」を可能にするのもこの現場知である。後述するように、臨床心理士の訓練制度では現場知が軽視され、学派知が重視されたために、その訓練は大学付属相談室という開業モデルの場所で行われたが、公認心理師では現場知が重視されているので、現場実習が強調されることになった。この二つの資格には、臨床をめぐる異なる思想が息づいている。

ふつうの相談Cは「自然」である。それは現場を包み込む臨床文化に内在しているものであり、個々の支援者の作為によってなされるものではない。臨床現場では多くのことが、ルーティンとして滑らかに流れていく。当たり前の日常のあらゆるところに浸み込んでいるのがふつうの相談Cであり、そのようにして自明なものとなっているときにこそ、ふつうの相談Cはその真価を発揮している。

ここに、ふつうの相談Cとふつうの相談Bの差異がある。ふつうの相談Bでは学派知と世間知が価値判断の局面で葛藤していた。臨床家はケース・バイ・ケースでその判断に悩む必要があった。しかし、ふつうの相談Cでは葛藤は目立たない。それは自然に流れてゆくものである。現場知と世間知の関係は学派知と世間知の関係とはその構造を違えている。この点を詳細に見ておきたい。

なお、このような現場知を明示するにあたって、臨床家が自身の実践を振り返り言語化するのも役に立つが、社会科学者によるフィールドワーク調査が有効である。古典的な仕事としては精神科病院の調査を行ったゴフマンの『アサイラム』[94]を挙げられるし、最近ではたとえば、ハンセン病療養所についての有薗[95]の仕事、精神科デイケアをエスノメソドロジーのまなざしから分析した河村[96]、精神科クリニックをとりあげた櫛原[97]など多くの臨床現場で社会調査が行われ、そこでいかなる現場知が生成しているのかについて厚い記述がなされている。しかし、問題はこれらの社会科学の知と臨床の知の間でほとんど協働関係がもたれなかったことである。[98] ここには心の次元と社会の次元の位相の異なりがあるわけだが、それらを有機的につなぐ理論的枠組みをセットアップすることが重要だろう。そのことによって、新たな学際領域を拓き、臨床的思索をより深化することが可能になるはずだ。

3-1-1 現場知の二つの側面

現場知にはハードな面とソフトな面がある。つまり、硬い現場知と柔らかい現場知がある。硬い現場知とはその臨床現場をめぐる法律や制度、経営など、社会における公的なものについての知である。たとえば、精神科デイケアであれば、自立支援医療費や障害年金についての知識、診療報酬をめぐる知識、地域の作業所についての情報や、会社における休職と復職の仕組みなどがそれにあたるだろう。刑務所での臨床であれば、裁判や量刑についての制度、学校での臨床であれば、単位や卒業要件、進学をめぐるシステムなどがそうだ。

硬い現場知は公文書にも記載されているし、多くの場合それぞれの領域についての教科書の第一章にまとめられてはいるが（たとえば、『臨床心理学スタンダードテキスト』[99]でそれを総覧できる）、これを文章だけで習得することはできない。生活保護については、法律の条文だけ読んでも何もわからないのと同じである。現場で働き、制度がうまく運用されたり、されなかったりする体験を積み重ねる中でしか、生活保護がいかに心を支えるか、傷つけるかを理解することはできない。このような硬い現場知が血肉化されて、自明なものとして使いこなせるようになってはじめて、その人は現場の戦力となるのである。

これに対して、柔らかい現場知はより心理的なものであり、経験的なものであり、人間的なものである。たとえば、あるデイケアで働く中で、卓球室が調子の悪いメンバーさんのしばしの隠れ家として使われること、カラオケ大会で盛り上がる曲と盛り上がらない曲があること、そしてそれぞれのスタッフの性格に偏りがあることを、私たちは知っていく。そのような現場知が活用されて、ときどき起こるトラブルが穏健に処理されていく。あるいは、自分が働いている児童養護施設で起きやすいトラブルがどのようなものなのか、それはどのようなときに修復され、いかなる場合には後遺症を残すのかがわかってくる。それぞれの臨床現場の風土病（あるいは、文化依存症候群）とローカルな治療法が経験を通して学ばれていくのである。これがインストールされると、後輩の指導をできるようになる。

硬い現場知は社会制度と連動しているので、日本中のデイケアにある程度は共通しているが、柔らかい現場知はよりローカルなものなので、個々のデイケアに固有なものが多い。後述するように、その施設がどのような地域にあり、どのようなユーザーが多く訪れるものであるのかに柔らかい現場知は左右される。いずれにせよ、風景2では大学の学費システムという硬い現場知と、よくある保護者との関係の問題という柔らかい現場知が両輪となっていたように、ふつうの相談Cは硬柔両方の現場知が有機的に結び付けられるところに生まれてくる。

すでに再三述べてきたように、問題となるのはこれらの現場知に含まれる価値観であり、価値判断である。それが説明モデルを通して、ユーザーの生を特定の形へと象っていく。ならば、硬い現場知と柔らかい現場知はそれぞれにいかなる価値を内包しているのだろうか。

3-1-2　制度的役割——お金・社会的規範・権力

硬い現場知の説明モデル＝価値観を規定しているのは、それぞれの現場が置かれている制度的文脈であり、そのようにして付与されている権力である。

それぞれの臨床現場は真空状態の中にポツンと存在しているわけではなく、社会の複雑な網の目の中に埋め込まれている。この網を可視化するには、お金の流れを見るとよい。精神科デイケアにせよ、各種学校にせよ、刑務所にせよ、それぞれの臨床現場はそれぞれの制度的役割を背負うものとして行政的に設計されており、そこで働く心理士の給料には大なり小なり税金が投入されている。あるいは、企業のカウンセラー室には税金は投じられていないかもしれないが、その会社の経営方針に沿った役割があるからこそ、予算が計上される。多くの臨床現場がユーザーからの直接の支払いだけではなく（これは皆無の場合も多い）、なんらかの制度からの支払いによって成立している。

このお金の流れが、それぞれの臨床現場が置かれている制度的位置づけを表現する。そこでの仕事がなんのためにあるのか、それは人間をどのように象るためにあるのか。治療や支援は支払い主の意図を深く反映する。すなわち、支払い主の価値判断が規範となって、その治療における主体化を方向づけるのである。

たとえば、企業の相談室は、社員が健康に働き続けるために設置されている制度であるから、そこのカウンセラーは「働くこと」[100]を規範とすることになる。それゆえに、社員の実存的苦悩や恋愛における決断については、「働くこと」に寄与する限りにおいて扱われるにとどまるだろう。同じように、精神科デイケアには「リハビリテーション」という規範があり、その文脈に従ってメンバーの「回復」が定義され、それが目指される。あるいは学校には「教育」、刑務所には「矯正」という規範があるだろう。もちろん、大学ごとに教育理念が異なるように、それぞれの施設で個別の理念や中期目標があり、規範は差異化されている。ただ、大学の教育理念が文部科学省の決めたルールやゴール設定のもとで精査されるように、個々の理念は最終的に大きな権力によって規定されている。

その例外が開業臨床であり、そこではお金の流れはユーザーと臨床家の間で閉じられている。それゆえに、開業臨床においては公的機関では扱われない個人的な問題が多く持ち込まれる。たとえば、不倫の相談などは公的資金の対象にならない個人的な問題の代表例であろう。すると、開業臨床ではピュアにパーソナルで心理的な問題を扱いやすくなるので、学派的心理療法論と相性が良い（とりわけ精神分析をはじめとした力動的心理療法と）。後述するように、臨床心理士制度では大学院付属の心理相談室が主たる教育の場となったが、それは学派的心理療法論を教えるために開業モデルの現場が必要であったからであろう。ただし、最初に京都大学で有料の心理教育相談室が設置されたとき、当時の助手が大量の書類を文部省に提出していたことは忘れてはならない。ピュアな心理学的空間を立ち上げるためには、その裏で膨大な行政的手続きが必要であり、社会的正当性を担保するための事務作業が必要であったということだ。実はこれは私設の開業オフィスであっても同様である。開業臨床を持続可能なものとして経営していくためには、その裏で膨大なマーケティングの努力や地域の諸機関との関係作りが必要になる。この現実を忘れて、心理学にだけ没入するとき、学派的心理療法論は空想的になり、脆弱になる。

臨床現場は制度が求めることを果たさねばならない。人間を社会が望むように象ることが求められる。現場知には社会的規範が埋め込まれているのである。制度はもちろん、公共的な議論と手続きの上で成立したものであるから、社会に必要なものを提供することを狙っている。実際、そのことで助かる人もたくさんいる。だけど、同時にそこには暴力性が含まれていることも忘れてはならない。

これを告発した最大のものが一九七〇年前後の反精神医学運動であろう。反精神医学運動は精神病院が「社会防衛」のために病者を隔離するものとして機能していることを明らかにした。[101]「治療」の名のもとに、病者を社会にとって都合のいい形へと成型しようとする「権力」が働いていることを告発したのである。

ここでの権力とは特定の誰かに備わった他者を動かす力という世間で用いられている意味だけではなく、フーコー[102]が「統治性」という言葉で示したような、[103]人々の生き方を象るミクロな力のことも含んでいる。あらゆる臨床文化には、この意味での権力が働いており、これを本論では「価値観」とか「主体化」と呼んできた。その権力の働きが、ときに人を生きやすくし、ときに心を損なうのである。

付言しておきたいのは、反精神医学がその後の精神医療を変えていったことである。それは単に精神科病院の運用法が変わったということではなく、制度が変わり、社会的規範そのものが変化していったことを意味している。ただし、よくよく考えてみると、反精神医学そのものが当時起こっていた「社会の民主化」という新しい潮流に触発された運動であったことも事実である。鶏と卵だ。反精神医学は時代を作りもしたが、時代の子でもあった。

こういうことだ。社会が変われば、臨床も変わる。あるいは臨床を変えることによって、社会を変えていく。昨今の松本俊彦[104]による依存症臨床の改革が、治療法だけではなく、回復像自体やそれを受け入れる社会の側の変化を企図していることを思い出してもよい。この意味で臨床家は自身が社会の網の目に組み込まれていることに自覚的である必要があり、社会の変化にキャッチアップしていく必要がある。

いずれにせよ、現場知はこのような制度的役割をひとつの極として生成される。臨床現場はなんらかの制度の上に成り立つ。それゆえに、そこには社会的規範が埋め込まれていて、権力が作動している。逆に言えば、さまざまな制度とはこれらの社会的規範の具現化であり、社会の集合知なのである。したがって、硬い現場知には抑圧的な面もあるが、同時に資源にもなる。制度にはさまざまな限界もあるにせよ、これを十全に知り、使いこなせるようになることが臨床には不可欠である。硬い現場知とは人間的に生きられた制度の力であると言えよう。ただし、これが現場知のすべてではない。もうひとつの極がある。

もうひとつ補足しておきたいのは、制度に宿る権力の保護的側面である。児童相談所の臨床にそれが端的に現れる。家庭での養育困難や虐待があり、学校や地域でも抱えきれない子どもたちに対して、児童相談所は一時保護という国家権力を発動する。それはもちろん、子どもや保護者の権利を侵害し、大きな傷跡を残すこともあるが、同時に彼らの心を守ることも多くある。一時保護所での囲われた生活が子どもの心にしばし安らぎを与える。そこで生まれた他者とのつながりが発達を再起動する。あるいは親の側にもしばしの余裕ができる。そのとき、権力は「硬い腕」である。制度のもつ強制力は、叩かれても簡単には砕けないからこそ、暴力に苛まれ、暴力が漏れ出す子どもたちを「抱っこ」[105]することができる。このような制度の硬い腕に抱かれた上で、次にたとえば、児童相談所や一時保護所の職員（そして家族や地域の人たち）の「柔らかい腕」に抱かれることが可能になるのである。個人と個人の柔らかいつながりの前提条件として、制度や権力による硬いつながりがどうしても必要になるときがある。ここにある権力の危険性と保護性を、身をもって知っているのが現場の臨床家であり、そこにあるのが血の通った硬い現場知である。

3―1―3 社会的ニーズ

現場知を構成する力のもうひとつの極はユーザーのニーズであり、これが柔らかい現場知を生み出していく。ただし、そこで作用しているのは個々人のニーズというよりも、それらが総合された社会的ニーズである。言い換えれば、その臨床現場を利用するユーザーの人口的傾向から現場知は生まれてくる。

たとえば、デイケアそのものには「リハビリテーション」という制度的役割があるにしても、個々のデイケアで最終ゴールを「復職支援」にできるかどうかはどのようなユーザーたちが対象かによる。高齢者が多いのか、若年層が多いのか、経済階層や職業的な傾向はどうか、病態としてはどういう人が多いのか。そのようなさまざまなプロフィールによって、スポーツ中心のデイケアと室内作業中心のデイケアは分かたれていくし、リハビリを標榜しながらも「居る」を最終目標とするデイケアも生じてくる。[106]

同じように、都心の私立進学校と地方公立高校とオンライン上に展開する通信制高校では、ユーザーのニーズも異なれば、支援者が利用できるリソースも異なる。すると、進学に価値が置かれるか、卒業に価値が置かれるか、人間関係の形成に価値が置かれるか、それらの学校における価値判断はそれぞれに異なるものになる。

それぞれの臨床現場はそれぞれの社会的ニーズに応える形で成立している。それはきわめてミクロな社会的条件からもたらされる。このあたりはたとえば、クラインマン[107]やダンカン[108]、ジャン[109]のような医療人類学者たちが示してきたように、それぞれの地域の歴史や人口動態、社会経済的条件が複雑に絡まり合う中でユーザーの傾向が決まってくるし、その施設が地域の他のアクターたちとどのような関係をもっているかも重要である。そのようにして訪れるユーザーたちの求めるものに応え、ケアを提供することを繰り返す中で、その施設の臨床文化が形作られていく。

すると、「これだけ問題を起こす子は、案外高校三年生になると落ち着いて勉強し始めるんだよ」とか「こういうときに毅然とした対応をとる方が、あとあといいんだよ」などの柔らかい現場知が生まれてくる。これはその施設では大体の傾向として通用するが、ほかではあまり通用しないローカルな知だ。しかし、それはローカルであるからこそ、現場を運用していく上での最も強力な指針になるのである。

この点で同じ施設に長く勤めているスタッフは臨床の宝である。現場知は先輩によって体現され、後輩はその背中を見ることで継承するしかない。いくらガイドラインやマニュアルを作っても、現場知を伝承することはできない。なぜそのガイドラインができたか、どうしてそのマニュアルが必要であったのかというニーズの理解こそが重要であり、その背景を知らずにマニュアルに則した振る舞いをなしたとしても、目論まれたケアは十分には発動されない。しかし、施設の人員は移ろいゆく。昔を知る人はいなくなり、形骸化した膨大なガイドラインだけが残される。そういうとき、私の知り合いの精神科医は、会議の議事録をさかのぼり、そのガイドラインができた経緯を発掘すると言っていた。もはや生者がいない過去を文書から再生する歴史学の営みである。

3―2 ふつうの相談Cの構造

現場知はトップダウンの制度的役割とボトムアップの社会的ニーズのせめぎ合いによって形成される。このせめぎ合いを「社会的力動」と呼ぶことができよう。ポストコロニアリズムが描いてきた宗主国と植民地の文化的交渉がそうであるように、[110]それぞれの現場をめぐる社会的な力が複雑に絡み合い、交渉し、人間を特定の方向へと象ろうとする臨床文化が形成されるのである。つまり、それぞれの現場がいかなる問題を引き受け、いかように人間を象るか、そのために何がなされるのか、これらが同じ場所で働く人たちに職種を超えて共有されるのである。

したがって、現場知とはその現場に「ついて」の知に他ならない。その現場がもつ治療的な力（あるいは反治療的な力）についての理解こそが現場知の正体である。そのとき、価値判断は現場の力をうまく使えることを善しとし、使えなくなることを悪しとすることになる。

思い出してほしい。風景1ではデイケアに「居る」ことを目標として「様子を見ること」という対処がなされていた。風景2では大学とつながり続けることを狙いとして「休学」という提案がなされていた。これらのふつうの相談Cで処方されているのは現場に備わる治療力である。デイケアという場所はメンバーたちが「日常」を回復するために役に立ち、大学という場所は学生たちが青年期という人生の一時期を過ごし、次のステージに移行するために役に立つ。それぞれの現場にはそれぞれの機能があり、人間を象る力がある。これをフル活用しようとするのがふつうの相談Cである。

ふつうの相談Cとは本質的に集団的で組織的なものである。風景1や風景2のように一対一の場面でふつうの相談Cがなされたとしても、その相談は個人間に閉じるためではなく、「みんな」やチームに開かれるためにある。デイケアであれば他のスタッフやメンバー同士のつながりに置かれ続けるためにふつうの相談Cがある。大学であれば、教職員や友人との関係を断たないためにふつうの相談Cがある。実を言えば、風景3にもそういうところがある。開業臨床自体は一対一の面接に閉じる営みであるが、〈ふつうの相談〉で目指されていることのひとつは、社会的な関係に留まり続けることであった。開業臨床もまた、社会に備わる治癒力を利用して営まれるのである。

適応指導教室でも、刑務所でも同じだ。ふつうの相談Cは個室で完結しない。ユーザーと支援者の二人の関係で閉じない。ユーザーの中に閉じ込められた苦悩を、「みんな」へと開き、現場のもつ力の助けを借りられるようにするのがふつうの相談Cだ。このとき、建物や風景、制度のような非人称的なものとのつながりも現場のもつ力に数えてもいいだろう。そのようにして、みんなで心配し、みんなで見守る体制を作る。この意味で現場知こそが多職種連携の基盤であり、ふつうの相談Cはそのための技法と言えよう。

3-3 世間知と現場知

最後に述べておく必要があるのが、世間知と現場知の関係である。現場知が特殊なのは、それが専門知でもありながら、世間知でもあるところだ。というのも、現場知とは専門家としての世間知であるからである。

私たち専門家は、デイケアという社会、精神科病院という社会、学校という社会で生活している。それはある程度、閉じられた社会である。就職して、はじめてデイケアに踏み入れたとき、私は部屋の臭いが気になったし、スタッフやメンバーたちの動きについていけず疎外感を覚えた。人類学者がスーツケースを携えて現地の村に到達したときと同じだ。だけど、次第に慣れてくる。臭いが気にならなくなり、そこにいる人たちの顔と名前を覚え、キャラを知り、内輪ネタで笑えるようになる。あるあるネタが蓄積され、メンバーさんがデイケアを通じてどのように回復していくのかを知ることになる。このとき、私はデイケアについての「ふつう」を体得し、その自然に身を浸している。大体どのように働けば、最低限の役割を果たせるかがわかっている。すると、「一応、デイケアの専門家です」と少し恥ずかしさが混じりながらであるにしても自己紹介できるようになる。

専門家は臨床現場というミクロな社会に参入し、馴染み、その一員になる。そのプロセスで私たちはその現場の「ふつう」を知る。これが現場知である。つまり、それぞれの現場についての世間知こそが現場知なのである。ふつうの相談Cとはふつうの相談0をそれぞれの現場に合わせてローカライズしたものだということだ。図示すると図❼のようになる。

方言みたいなものかもしれない。同じ現場で働いているもの同士にしか通じない言葉があり、感覚がある。もちろん、そこにはグラデーションがあり、浸透性もある。たとえば、精神科病院と精神科デイケアでは違うところもあるのだけど、同じところもあるだろう。微妙に方言は違うけれども、産業領域よりは医療領域同士の方が意思疎通しやすいはずだ。

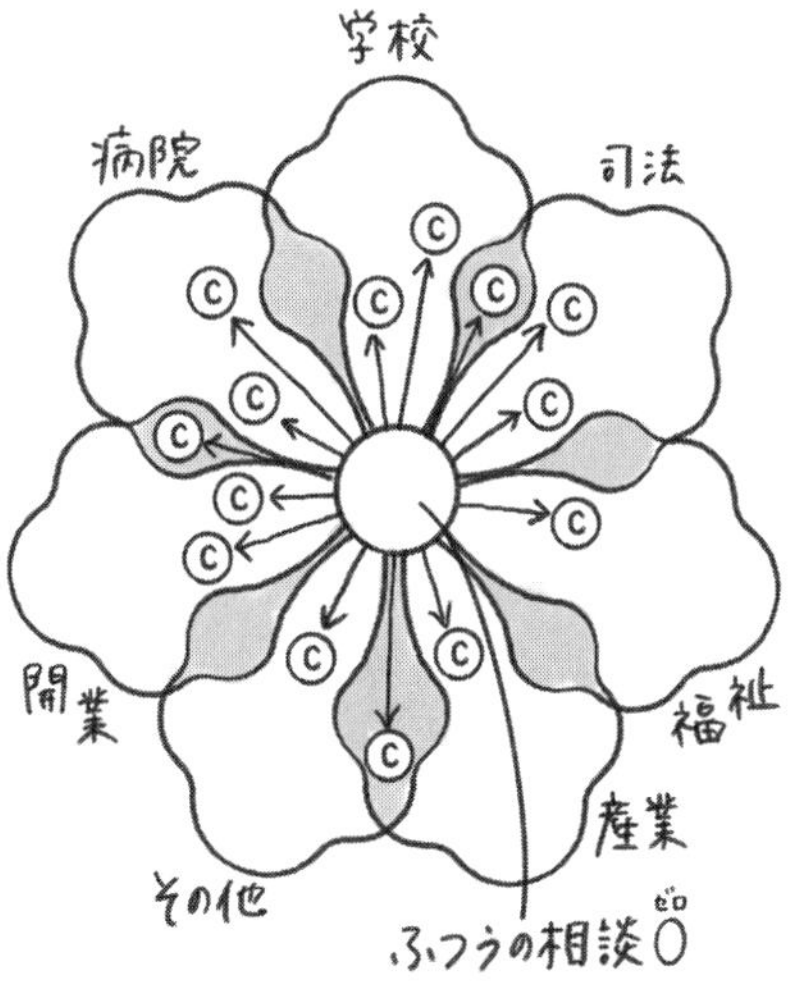

図❼　ふつうの相談Cの構造

ここに現場知の両義性がある。現場知はその現場に触れたことのない素人には手の届かないところにあるという意味で専門知である。この観点からすると、あなたが大学院を修了し、精神分析や認知行動療法の専門資格を取得したとしても、はじめてスクールカウンセリングをするのであれば素人である。専門家として機能するためにはミクロな学校社会に適応し、現場知を習得せねばならない。

その一方で、現場知は専門的な理論の体系によって基礎づけられているものではなく、職種を超え、専門資格をもっていない事務スタッフにも共有されているという点で素人的なものでもある。それは臨床ローカルな世間知なのだ。現場知は専門知であると同時に世間知でもあり、専門家であることと素人であることの双方に軸足を置いているということだ。

このとき、気をつけねばならないのは、臨床現場の常識が、しばしば一般社会での非常識になることだ。ミクロな社会は閉鎖的になりやすく、現場知はときに深刻に偏る。そういうとき、ふつうの相談Cは人権侵害を引き起こす。医療や学校、保育の現場での凄惨な事件がときに広く報道され、社会問題になることがあるが、あれこそが現場知の悪しき側面である。それぞれの現場の臨床文化が世間の常識と乖離して、「ふつう」だったらありえない暴力を振るってしまうのである。このとき、職業倫理を再確認することも重要なのだが、それだけではなく、ふつうの相談Cが制度的役割と社会的ニーズから生じることを思い出す必要がある。現場に押し付けられた社会的矛盾が結局のところ、ふつうの相談Cの構造になっているということだ。したがって、制度の改変も含めた現場に対する社会的ケアを厚くすることが再発防止のためには不可欠となる。

まとめよう。ふつうの相談Cは臨床現場を取り囲む社会的力動に規定されたふつうの相談0であった。これがふつうの相談のもうひとつの側面である。

さて、これで十分だろう。ふつうの相談を分解し終わった。最後に綜合して、あなたのふつうの相談のための理論を描き出す必要がある。

結論　ふつうの相談の位置

本論は準備運動として理論的整理を行った後に、まずは深くしゃがみ、私の〈ふつうの相談〉を間近で見た。虫瞰《ちゅうかん》である。それから、ばねを生かして高く飛び、鳥瞰《ちょうかん》しようとした。すると、ふつうの相談0、ふつうの相談B、ふつうの相談Cが見えた。これらを最後に綜合したい。ここまでたくさんの図を示してきたが、それらを組み合わせて、あなたのふつうの相談が見つかる地図を描き出したいのである。

1　ふつうの相談A——メンタルヘルスケアの地球儀

最初にあったのは、冶金スキームによる学派中心の地図であった。そこでは学派的心理療法論が中心になっていて、その応用として現場の仕事がなされるというモデルがとられていた。実際に近年の臨床心理学がこの地図に基づいて発展してきたように、冶金スキームには相応の説得力がある。しかし、この地図では、あなたのふつうの相談は片隅に追いやられ、下手したら記載されずに看過されてしまうのが問題であった。

そこで本論では精錬スキームを採用して、別の地図を描こうとしてきた。そのとき中心は学派的心理療法論ではなく、ふつうの相談0に置かれた。つまり、民間セクターでなされる世間知によるピアサポートがゼロ地点の原石とされた。

二枚の地図が描かれた。ひとつは中心にふつうの相談0を置き、周縁に学派的心理療法論を置いた地図である。この始源の鉱物を精錬するプロセスで産出されるのが、ふつうの相談Bであった（図❻）。

もうひとつの地図では周縁に各現場が配置された（図❼）。ふつうの相談0はそれぞれの現場をめぐる社会的力動の影響を受けて、ふつうの相談Cになる。このプロセスは厳密には精錬の途上での産出とは言い難いのだろうが、ふつうの相談Cがふつうの相談0の変形であることに変わりはない。

あなたのふつうの相談はこれら二枚の地図の両方に記載されている。私の〈ふつうの相談〉が精神分析的心理療法と葛藤しながら営まれていると同時に、開業臨床という社会的文脈に規定されたものであったことを思い出してほしい。あなたのありふれた臨床にも、ふつうの相談Bとふつうの相談Cの両方の顔があるはずなのである。

したがって、二枚の地図を重ねる必要がある。

どのように？

垂直に。

二つの円を直交させて、球体を作りたい。緯度が学派知で、経度が現場知だ。北極点に精神分析があり、南極点にソーシャルワークがある。赤道には各現場がズラリと並んでいる。もちろん緯度と経度は逆でもいいし、極点に何を置くかも任意だ。ただし、核にあるのがふつうの相談0であることは揺るがず、ふつうの相談のための地図が球体であることは譲れない。

二枚の地図を組み合わせると、透明な地球儀ができる（図❽）。この三次元の球体のどこかに、あなたのふつうの相談を見つけることができるはずだ。こうして見つかるものを「ふつうの相談A」と呼ぼう。AnataのAだし、ArifuretaのAだ。AruAruのAだっていい。記号は何でもいいのだ。要はふつうの相談BとCという理論的に構成された二つの平面が組み合わさるところに、ふつうの相談Aという現実の臨床が存在するということだ。私たちの臨床は世間知と学派知と現場知の三次元によって営まれている。この立体はすべてのメンタルヘルスケアを収容するための地球儀なのである。

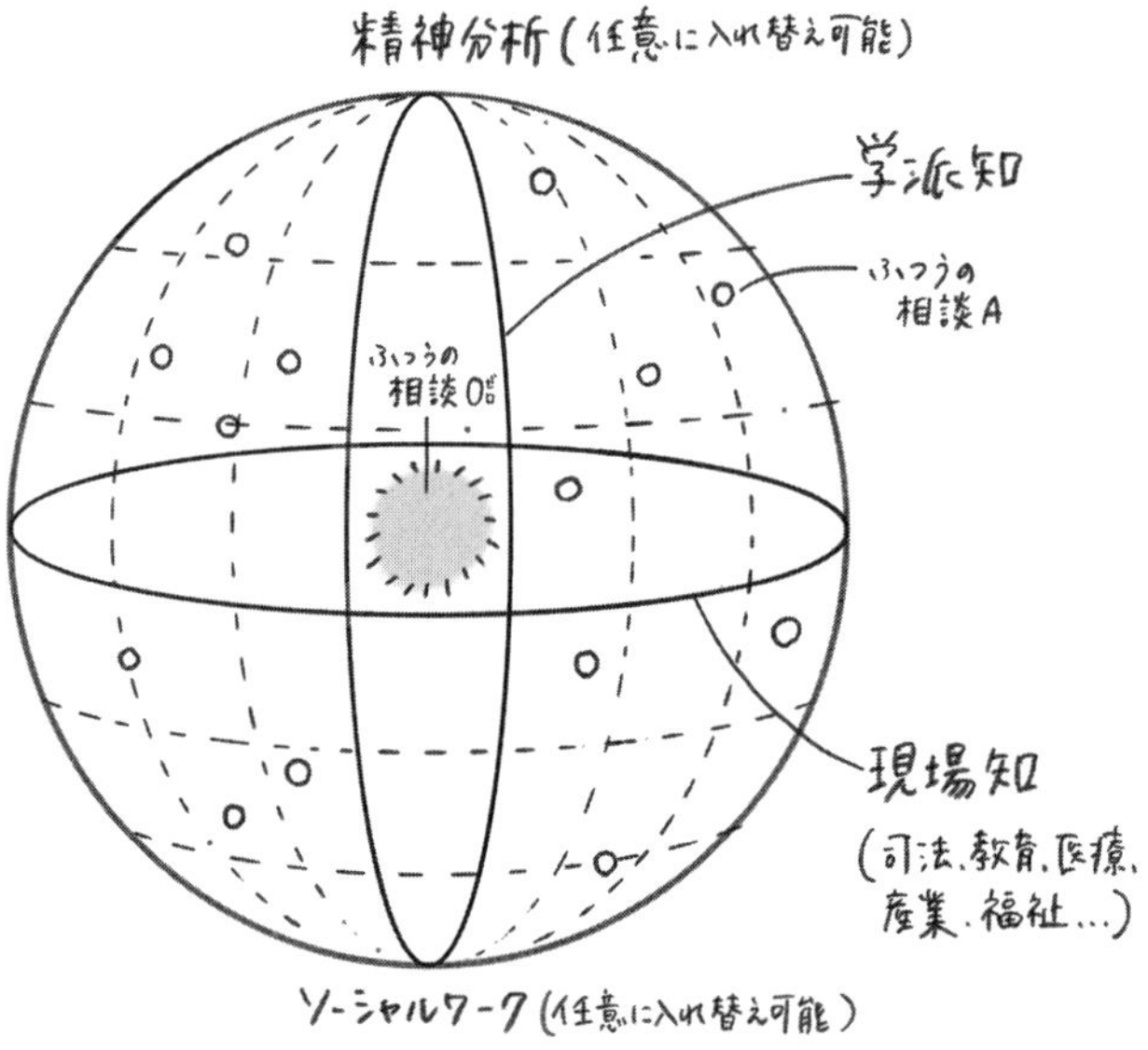

図❽　ふつうの相談の地球儀

2　臨床知

森と草原を空から見ていたはずの本論は、気づけば地球を撮影できる人工衛星のところにまで高度を上げていた。この視点から、ふつうの相談Aで機能している知たちについて整理しておこう（図❾）。

最初に、もちろん専門知と世間知が分けられる。私たち専門家は訓練を受ける過程で、専門知こそが心の臨床の基礎であると思う。しかし、それは過ちだ。基礎は世間知にある。なぜなら、心の臨床を始めるのは専門家ではなく、ユーザーであるからだ。苦悩はユーザーの中で始まり、まずはユーザーの周りで対処される。世間知によるさまざまなケアが出発点だ。その上でうまくいかなかったときに、ユーザーは専門知を求める。専門家は心の臨床に途中から参

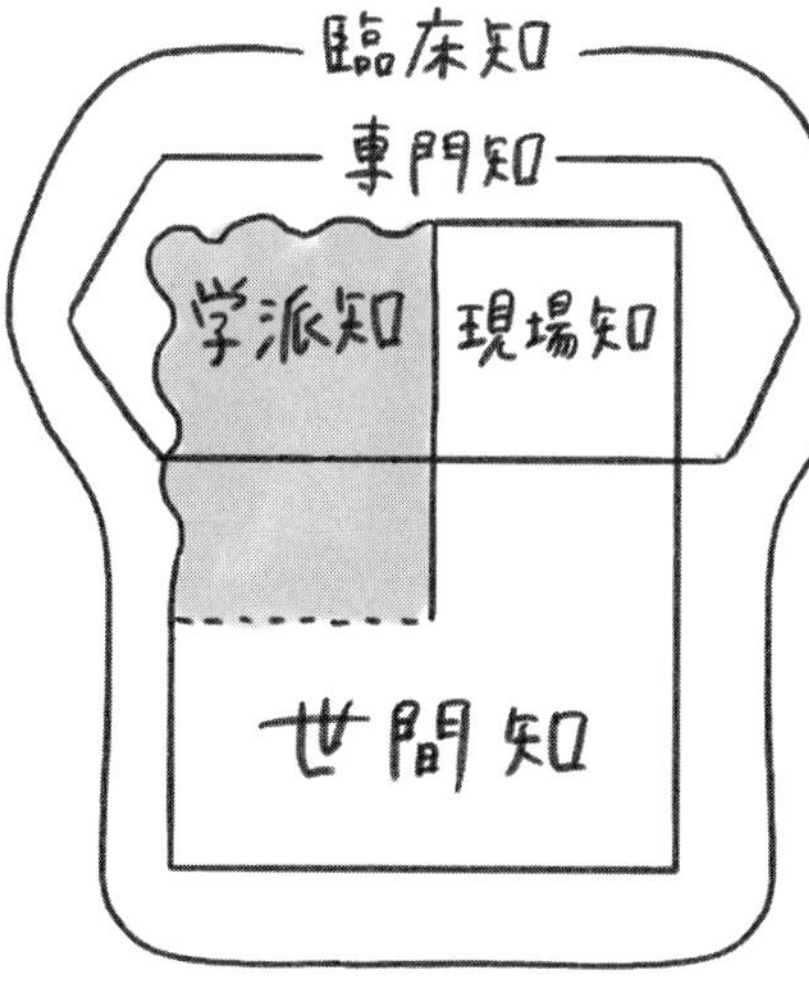

図❾　ふつうの相談Aと臨床知

加するのである。

世間知とは「心とは何か」「社会とは何か」「いかに生きるか」についての素人的理解であった。この世間知を精錬し、純化することで取り出されるのが学派知であった。これに対して、臨床現場というミクロな社会に特化した世間知が現場知である。この学派知と現場知の二つを合わせたものを私たちは専門知と呼んでいる。

もしかしたら専門知には学派知と現場知以外の知も含まれるのかもしれないが、とりあえずこの二つに限定するのは、少なくとも現時点の臨床心理学がそのように構成されているからである。すなわち、臨床心理士と公認心理師という二つの資格に内在した二つのパラダイムの共存を私は念頭に置いている。

臨床心理士は学派知を中核として編成されている。教科書では学派の説明が列挙され、訓練では学派知を純粋に実践しやすい個人臨床が基礎とされる。だから、臨床心理士たちは自らのアイデンティティを「精神分析のトレーニングを受けてきました」「認知行動療法を学んできました」と語る傾向にあった。

これに対して公認心理師は現場知を原理として編成されている。教科書は医療、教育など領域ごとに書き分けられ、それぞれの現場をめぐる法律や制度が最初に学ばれる。[111]訓練ではいくつかの現場に入る実習が重視され、密室の臨床よりも、多職種連携によるチーム支援が期待されている。そのために不可欠なのが現場知である。したがって、公認心理師たちのアイデンティティは「医療心理師」「スクールカウンセラー」などの現場単位で形成されていくことだろう。

これらは異質な思想であり、統合されていない。それゆえに互いを「臨床的でない」と非難し合ってきたし、国家資格をめぐる臨床心理学コミュニティの分断と混乱を生んできた。このような事態に対する応答として、本論はある。学派知と現場知は専門知の二側面なのである。そして専門知はあくまで世間知を補うものである。それを熟知しているのが専門家である。この見取り図こそが百花繚乱《ひゃっかりょうらん》のメンタルヘルスケアの世界を整理して、健全な議論をなすための土台となるものだと思うのである。

世間知と学派知と現場知。いずれも賢いのだろうが、ときにバカになる。専門知は世間知らずになりやすく、世間知は傲慢になりやすい。学派知は暴走しやすく、現場知は閉塞しやすい。知とは複雑な現実をシンプリファイする装置なのだから、そこには常に単純化による暴力が潜んでいる。

だからこそ、心の臨床家にはこれら三つの知をメタに見る視点が求められる。地球を宇宙から見る人工衛星が必要なのだ。学派知が人をどのように形作ろうとするのか、現場知がいかなる「健康」を目指すのか、世間知はどのように生きるのを「善し」としているのか、そしてそれらがどのようなときにユーザーを傷つけ、損なってしまうのか。これをメタに理解する人工衛星の視点によって、私たちは三つの知のバランスをとることができる。臨床はラディカルになるときにこそ危険である。ありふれていることが肯定されねばならない。優れた治療者とは凡庸な治療の良さを知る人なのである。これがふつうの相談の根源的思想である。

難しいことではないはずだ。実際に私たちはそういうありふれた臨床に日々取り組んでいるからだ。

デイケアの匂いを嗅ぎ、小学校で教頭と一緒に給食を食べ、開業オフィスの窓の外から流れ込んでくる室外機の音に悩まされる。私たちは現場の空気を吸いながら仕事をしている。家に帰れば、生活人として毎日をやりくりせねばならず、世間の中で四苦八苦しながら人生を生き延びていく。その上で、空いた時間に専門書を読み、週末には研修会に出席する。この論文もまた、そういう余白の時間に自己研鑽《じこけんさん》として読まれているのであろう。

世間知と学派知と現場知。これらが入り混じることで、私たちの臨床感覚はできあがっている。ユーザーに対して、「ひとまずこれでやってみよう」「もしかしたら行き過ぎかもしれない」「いや、様子を見よう」と葛藤するとき、私たちは三つの知のバランスをとろうとしている。この葛藤に持ちこたえ、得られた知恵こそが「臨床知」だ。

かつて中村[112]や河合[113]は「臨床の知」概念を通じて当時支配的であった「科学の知」を批判し、相対化した。「臨床の知」はその後、臨床心理学の中では学派知となり、ドミナントなものになったが、そもそもは批判概念であったことを思い出す必要がある。同じように、「臨床知」とは批判概念であり、それは世間知と学派知と現場知を外から見る。いずれかに没入して原理主義になるのではなく、いずれ「も」重視して、バランスをとるための知。臨床的に物事を考えるとはそういうことだと思うし、そのとき私たちが営んでいるのがふつうの相談Aである。

3 球体の臨床学——終わりに代えて

クマのような看護師がヒソヒソ話をしているデイケアの用具倉庫を覗き見るところから始めて、地球を見下ろす人工衛星の視点にまでたどり着いた。あまりに長い論文になってしまったが、しょうがない。ふつうの相談を視野に収めるためには、従来の心理療法論から離脱して、メンタルヘルスケア全体を見据える必要があったからだ。町内会の地図を捨てて、地球儀を手に入れねばならなかったのだ。

目指してきたのは一般理論である。つまり、臨床心理学・医学・看護学・社会福祉学・教育学など、それぞれの専門職ごとに縦割りで構築されてきた専門理論を離れて、それらを包摂する視点を手に入れようとしてきた。それは第一に学派知を相対化するためであったし、第二に同じ職場で働く多職種によってシェアされている現場知を浮かび上がらせるためであった。知をベタに飲み込むのではなく、メタに眺めること。そのための批判的視座こそが一般理論の場所である。

ふつうの相談は一般理論によってしか描写できない。それはすべての専門家が実践しているものであり、そしてすべての素人たちが日々営んでいるものであるからだ。それらのすべてが境界線で区切られることなく入り乱れた巨大な濁流。これこそがふつうの相談なのである。従来の縦割りの援助論からはみ出してしまうものを見るために、本論は、直線的な延べ棒を鋳直して、球体の一般理論を再編成したということだ。

この一般理論を「臨床学」と呼ぶことができる。球体の臨床学だ。それはすべての対人援助職の基礎学であり、役割を超えて、協働し、コミュニケートするための基盤である。この視点から見ると、臨床心理学は臨床学の中のあくまで心理部門であり、一地方に過ぎない。同じように、社会福祉学は臨床学の中の社会地方、医学は生物地方に見える。さまざまな地方があり、なかには学派的心理療法論のようにきわめて特殊な秘境もあるだろう。それらの多様な対人支援を包摂し、大きな文脈の中に位置づけるのが球体の臨床学である。

臨床学には、生物臨床学・社会臨床学・看護臨床学・精神分析臨床学などの学派知に根差した下位カテゴリーと、医療臨床学・学校臨床学・司法臨床学などの現場知に根差した下位カテゴリーがありうるだろう。そして、実際のところ、そのような学問たちはそう名指されないにしても、すでに存在してきたはずだ。つまり、同じ臨床を共有している人同士で語らい、議論するための場所があったと思うのだ。臨床とは、臨床について語り合う場所があってはじめて可能になるものなのである。

ただし、それらの学問たちは専門職ごとにバラバラの縦割りで編成されてきた。医師は医学で、看護師は看護学で、心理士は心理学で、あるいはユーザーたちは当事者研究で。それらは異なるルーツをもつものだと自認して、別々の場所で活動してきた。これらに臨床＝対人支援という共通基盤を見出し、球体の中に位置づけて、有機的なつながりを回復するのが本論の狙いであった。

このとき、「心理臨床学」[114]というすでに存在している学問は貴重である。心理職は学派知を超えた学問を昔から志向してきたのである。ただし、これは実際には、その設立当初の目論見とは異なり、単なる学派的心理療法論の寄せ集めになってしまっていることも忘れてはならない。専門家は専門知というものの魔力に飲み込まれやすい。同じジャーゴンを使いこなし、文化を同じくする人たちと集いやすいのである。

しかし、私たちは新しく言葉を生み出していく必要がある。さまざまな専門家の間で流通し、ユーザーとコミュニケートできるような言葉が必要だ。それが臨床に携わる人々（もちろんユーザーも含む）につながりをもたらし、臨床というものを制度的にも、技術的にも改善していくことを可能にすることであろう。臨床で交わされている語彙の中から、越境しうる言葉を精錬していく必要があるということだ。その積み重ねが臨床学を形作っていくことだろう。本論はそのための試論であった（たとえば、『こころの支援と社会モデル』[115]もその試みと言えよう）。

球体の臨床学。それは人と人とがつながること、人が人を支えることについての基礎学である。職種を超えて、臨床を共有し、議論を行うためのプラットフォームである。理論の中にある臨床ではなく、社会の中にある臨床を描写するための一般理論である。これは実は新奇な知ではなく、対人支援にかかわる専門家にも、そして素人にもすでに備わっている「暗黙知」[116]である。これを言語化し、見える知にして、ドグマになりがちな学派知・現場知・世間知を相対化すること。それが多職種連携によるチーム支援を可能にし、社会に対する働きかけを助け、専門家と当事者を橋渡しする共同創造[117]のための言語を生みだす。球体の臨床学は人と人とをつなげてくれる学問なのである。この人と人とのつながりを私はクマのような看護師に教えてもらった。

そう、その看護師が教えてくれた。

メンバーさんと卓球のラケットを運び、体育館の外で一緒にコーラを飲む中でなされるさりげない言葉のやり取りを。

詰め所でスタッフたちと情報を共有し、みんなで心配し、様子を見るための体制を整えるやり方を。

そして、週末の夜に、泡盛を片手に巨人軍の話を散々しながら、卒業していったメンバーさんの近況をシェアし、職場の愚痴を言うことで、また月曜日に出勤する力が灯ることを。

大学院を修了したてで、学派知だけで頭がいっぱいになっていた私は、先輩の背中を見ることで、ふつうの相談Cを知っていったのだ。

いや、それだけじゃない。私は彼に助けてもらった。深刻な問題が起きて、仕事ができる精神状態じゃなかったときに、彼が話を聞いてくれ、「様子を見よう」と言ってくれた。ふつうの相談0で支えてくれた。沖縄で、私にはなんでも話せる友人が一人いたのだ。

繰り返そう。人と人とがつながること、人が人を支えること。これがふつうの相談の根源で響いている。

クマのような看護師から、私はその響きを受け取った。すると、対人援助職みんなの体からそれが響いているのが聞こえるようになった。家族や友人、同僚との間で人々がその響きを交わし合っているさまが見えるようになった。そして、その響きが途絶えかけている人の苦しさが少しはわかるようになった。

だから、この響きを伝染させるのが私のその後の臨床になった。そして、この響きを音符で記すために、こうして論文や本を書くことになった。

臨床学とはこの誰もが知っている響きについての学問なのであり、ふつうの相談とはそれを響かせるためのみんなの実践なのである。

補遺　中断十カ条

若き心理士への手紙

あなたは御自分の詩がいいかどうかをお尋ねになる。あなたは私にお尋ねになる。前にはほかの人にお尋ねになった。あなたは雑誌に詩をお送りになる。ほかの詩と比べてごらんになる、そしてどこかの編集部があなたの御試作を返してきたからといって、自信をぐらつかせられる。では（私に忠言をお許し下さったわけですから）私がお願いしましょう、そんなことは一切おやめなさい。あなたは外へ眼を向けていらっしゃる、だが何よりも今、あなたのなさってはいけないことがそれなのです。

（リルケ『若き詩人への手紙』、新潮文庫）

すこし長めのまえおき

ここに収録した補遺はかなり以前に、臨床心理学の専門誌に掲載されたエッセイである。依頼されたテーマは「ケースの中断」――つまり、クライエントがカウンセリングに来なくなること――だったので、私はケースが中断したばかりで傷ついている初心の心理士に宛てた手紙を書いた。

もしかしたら、心理士以外の読者からすると、場違いなエッセイを収録しているように思われるかもしれない。人類学的な視点から相談や援助というものの一般理論を描こうとした本編に対して、この補遺で書かれているのは、特定の人が直面する、特定の場面に対する、きわめてプラクティカルな助言であるからだ。

確かに、サイズは全然違う。

だけど、実のところ、初心者が通過せねばならないこの危機には、本編で乗り越えようとした学派的心理療法論の困難が集約されている。

学派的心理療法論の放つ眩《まぶ》しい光は、危機にある初心者の心を理想論でいっぱいにする。彼らは理想的な心理療法家ならどうしたかに心を奪われ、そうできなかった自分を責める。自分の職業適性を疑い、キャリア選択を悔い、ときに自らの人格そのものまで不信の対象となる。

「おまえはダメだ」「何をやっているんだ」「センスのかけらもない」

初心者の心の中で、憧れていた学派的心理療法論からの攻撃が吹き荒れる。実際に存在した自分よりももっと悪い自分が想像され、現実が見失われる。

このあたりは心理士ではない読者には、想像しにくい質感かもしれない。私たちは訓練のプロセスで独特の自己否定に晒される。

いや、しかし、独特な自己否定があること自体はすべての職業で同じなのだろう。それぞれの仕事に、それぞれの理想があり、それぞれの自己否定が存在する。そういうものを潜《くぐ》り抜けることで、初心者はその職業の現実を知る。あらゆる仕事で、一人前になるとはそういうことなのだと思う。

いずれにせよ、初心者は理想の前で自分を責めすぎて、非現実的になっている。これが危機の正体だ。

もちろん、反省はせねばならない。

ケースの中断が突き付けているのは、治療者の失敗であり、陥穽《かんせい》であり、能力不足だ。もちろん、その「失敗」にはさまざまな質のものがあり、一概にその治療者の「技量」だけが問題とは言えず、そもそも適切な機関にクライエントをリファーすべきだった場合もあるにせよ、しかしそのような事情まで含めて理解することができなかったという意味で、治療者には課題がある。

これと真摯に向き合うことは、そのケースを担当した治療者としての根源的な責任であり、それ抜きには専門職としての成長はありえない。

それはそうだ。深く反省せねばならない。

しかし、人は心を飛び交う空想からは学ぶことができず、目の前にある現実からしか学びはもたらされない。

失敗から学ぶために必要なのは苛烈《かれつ》な追及ではなく、安全な孤独だ。つまり、見守られている中での孤独である。痛みを伴う現実と向き合うためには、誰かに支えられている必要がある。

そう思って、私はこの手紙を書いた。

危機のさなかにあり、非現実的な理想に苛まれている初心者が、曖昧な現実にとどまり、そこから学びを得るための、プラクティカルな助言を書いた。

今振り返ってみると、ここで私が手渡したいと思っていたのは「ふつうの相談」だった。学派的心理療法論によって見失われた現実を再発見するために、これを書いたときの私は「ふつうの相談」を処方しようとしていたのだ。

もちろん、この手紙を書いていたときには、それはまだ名前を得てはいなかった。私の中に感触だけはあったけれど、「ふつうの相談」は定式化されておらず、言葉にはなっていなかった。

しかし、実際に、この手紙では「ふつう」とか「友人」とか「つながり」という単語が頻出しているのである。

その意味で、この若き心理士への手紙は「ふつうの相談」論文のプロトタイプである。補遺として、この手紙を収録したのは、それが理由である。

*

ただ、大前提として心に留めておきたいのは、これがきわめてセンシティブなテーマであることだ。

中断において危機を迎えているのは、誰よりも、何よりも、当のクライエントであるからだ。しかも、それは深刻な危機だ。これを忘れてはならない。

心理療法は絶望の暗闇にかすかな光が点滅した瞬間に始まる。

「もしかしたら、この苦しみは変わりうるものなのかもしれない」

クライエントの心にそういう希望が兆したときに、彼らは限りある時間や体力、そしてときにお金を割く決意をして、申し込みを入れ、心理療法家のもとを訪れる。それはきわめて貴重なことだ。孤独のさなかに、わずかばかりではあるにせよ、他者への期待が芽生えたことを意味しているからだ。

多くの事例で、申し込みまでに長い逡巡があるし、専門的な援助を受けようと思えるまでに、周囲の人たちのさまざまな尽力がある。心理療法に限らず、相談に至るまでがどれだけ大変であるのかは、すべての対人援助職が知るところだと思う。

そのようにしてようやく始まった心理療法が中断する。このとき、かすかに奮い立たせた希望は暗闇に染まっている。「これ以上、カウンセリングに通ってもしょうがない」さまざまな事情はあるにせよ、絶望が彼らの心を覆っている。

言うまでもなく、それは人生にとっての重大な打撃だ。もちろん、そもそも心理療法には最初から大した期待はしていないという場合もあるのだろうが、その後に出会う未来の支援者にまで絶望が及ぶことも少なくない。そういうとき、希望が再生するためには、多くのめぐり合わせが必要になるわけで、中断が深刻な危機になりうるという現実は確かにある。そして、そのとき、傷つけたのは、さまざまな事情があったにせよ、やはり当の治療者なのである。

だから、そのときに存在している治療者サイドの危機とそのケアについて書くことには迷いがあった。そんなことはクライエントからすると関係ないし、そのような裏側を表に出すことはクライエントを重ねて傷つけることにもなりかねないと思ったからだ。それでも、中断というセンシティブな事態について書いたのは、それが対人援助職の職業人生における避けがたい現実であるからだ。

心理療法には中断してしまうときがある。援助者として力が及ばず、悔いが残る結果に終わってしまうときがある。私たちはそうならないように全力を尽くすのだが、どうしてもそのような終わりにならざるをえないときがある。心理療法に限らず、あらゆる対人支援の現場で、初心者だけではなく、ベテランになっても、そういうことは起きてしまう。

そのとき、私たちは深く悔いる。どうにかできなかったのかと思う。しかし、私たちにはもう何もできない。すでに中断してしまったからだ。多くの場合、その後のことを知ることさえできない。

できるのは、祈ることだけだ。無事で過ごしていてほしい。その後の人生にいい出会いがあってほしい。無力なことに、平和を願うことしかできない。

そういう現実の中で、私たちの職業人生は営まれている。

私たちの仕事には限界がある。期待に応えきれず、希望を引き受けきれないときがある。対人支援にはどうしても失敗があり、中断がある。

それは専門家にとっては否定したい現実であるのだが、臨床とは現実から目を背けるときに最も破壊的になるものだと私は思っている。

だからこそ、その都度、失敗を認め、振り返り、反省を重ねることが、専門家としての責任である。それができなくなるならば、私たちは心を扱う専門家としての最も重要な資質を失うことになるだろう。しかし、そのように反省することは、実際には簡単なことではないのである。

そのための助けになる文章があっていいはずだ。そして、それは最終的にはクライエントのためにもなるはずだ。そう思って、この中断十カ条は書かれた。

このことだけ、補足しておきたい。


補遺だというのに、長いまえおきになってしまった。

それだけ、中断には困難があるということだ。臨床という仕事の難しさは中断において集約的に具現化される。

この手紙がその難しい時間を生き抜くための助けになれば、幸いである。

拝啓

ケースが中断したばかりで傷ついている君へ。

突然の手紙で、驚かせてしまったかもしれない。

君がひどく落ち込んでいる、と風の噂で聞いたので、勝手ながら、筆をとった。

いや、心配しなくていい。風の噂というのは、正確には虫の知らせみたいなもので、別に君の悪い評判が流布されているわけでもなく、みんなが君を嘲笑しているわけでもない。世界は特に君に関心を向けることなく、通常運行されている。私が勝手に、ピンと来ただけだ。これ以上、余計な事を考える必要はないよ、大丈夫。

さて、早速本題に入ろう。中断について。

私は一応、君よりも十五年以上長く生きていて、その分だけ長く臨床をやってきた。ということは、中断についても、私は君の先輩ということになる。

だから、今の君の気持ちは少しはわかるつもりだし、この仕事を辞めようかと思い詰めてる後輩を放ってはおけない。先輩として君に伝えておきたいことがある。

今、ケースが中断したばかりで傷ついている初心者のための十カ条、だ。
少しでも君の役に立てばと願ってる。心して読んでほしい。

第一条　中断すると誰しも傷つく、本場でも傷つく

お疲れ様でした。君は今、大事にやってきたケースが中断して、傷ついていると思う。残念だったし、無念だと思う。

ケースが中断すると傷つく。誰しも傷つく。中堅だって、ベテランだって、大御所だって傷つく。もちろん、タフな思いをしすぎていて（そういう現場もある）、傷つかないように心を麻痺させざるをえなくなっている人もいるとは思うけど、そういう人だって心のどこかでは傷ついている。初心者だったらなおさらだ。

そう、傷ついているのは君だけじゃない。みんな傷つくのだ。

この前、私が翻訳した『心理療法家の人類学』という本には（買ったよね？）、クライエントの無断キャンセルが起きたときに、本場イギリスの精神分析家の卵がパニックになっている様子が描かれていた。何度も予約帳を見直したり、待合室を見に行ったり、本当に連絡が来ていなかったか事務職員に確認したり。

君と同じだ。中断したら、自信満々そうな精神分析家の卵ですら傷つく（完全に偏見だけどね）。大変、勇気の出る話だと思わないか？

第二条　なぜ中断したかはわからない、原理的にわからない

さて、中断したとき、私たちは自分のせいだと思いがちだ。自分の対応が悪かったのではないかとか、見立てが甘かったのではないかとか、自分は治療者として何か欠陥があるのではないかとか、ひどいときには人間として自分はダメなのではないかとか、そういう考えが次から次へと湧いてくる。

だけど、なぜ中断したのかは実はわからない。クライエントは回復して治療を必要としなくなったのかもしれないし、お金が無くなったのかもしれない。君のせいではないのかもしれない。

いや、甘い空想はよそう。もちろん、君の問題はある。君は何かを理解し損なったのだろう。その結果、何かが過剰であったり、不足であったりしたのだろう。

でも、本当のところ、その「何か」が何であったかはわからない。だって、なぜ中断したのかがきちんとわかるくらいなら、そもそもケースは中断しない。その足りない「何

か」について話し合うことができたはずだ。結局ケースは終わることになったかもしれないが、少なくとも話し合って終われたはずだ。そういうときには、私たちはその終わりを「中断」ではなく、「終結」と呼ぶ。

なぜ中断したかは、原理的にわからない。もう確認することもできない。そのチャンスは終わってしまったのだ。だから、君が考えていることは、すべて推測に過ぎない。

これは超大事だ。もし君が「全部自分のせいだ」と思っているとするなら、それは現実から目を背けている。なぜ中断したかはわからない。これが現実だ。

第三条　先生はときどき見栄を張る

中断したケースをカンファレンスとか、スーパーヴィジョンとかに出すと、先生は中断した理由を導き出してくれる。

君が先生の意見を聞いて、「本当にそうだった、反省して、次はがんばろう」と前向きに思えたなら何も問題はない。そういうコメントをしてくれるのは教育的な「いい先生」だ。そうやって、君は前に進んでいく。

だけど、ときどき、「とにかくあなたが悪い」という結論になることもある。そういうとき、傷ついた君は「あぁ、俺は本当にバカだ。カウンセラーに向いてない！」と思ってしまうかもしれない。それは初心者にとって、本当にシビアな時間だ。

だけど、覚えておいてほしいことがある。そういうとき、先生は若干見栄を張っている。第二条で書いたように、中断した理由は本当はわからない。だから、先生のコメントの結果、君が自分を過剰に責めるような結果になっているとするなら、何か不自然なことが起こっている。

そう、ときどき、先生は見栄を張る。私も一応「先生」をするときがあるので、よくわかる。「先生」というのは、わからないときでも「わかったようなこと」を言わなきゃいけない役割なので、プレッシャーがある。それでつい見栄を張ってしまうのだ。「わからないいんだけどさ」と素直に言えたらいいのだけど、そう言えなくって、「もっと共感したほうがよかった」とか「関係性に踏みとどまるべきだ」とか「きちんと受け止めることができていない」とか、フワッとしたことを言ってしまう。それって結局、治療者としての態度とか人格の話だから、何も考えなくても言えちゃうよね。

ケースをきちんと理解できていて、二人の間で何が起きていたのか、つまり転移を読めているなら、そんな無責任で抽象的なことは言わない。でも、しょうがないのだ。先生も先生でつらい仕事なので（同情してほしい）、ときどき見栄を張って、君が悪かったことにしてしまいたくなるときがある。

でもね、そういうとき、実は先生もわかってない。

第四条 自分の人格に決定的な問題がある気がするが、勘違いだ

ということで、中断したからといって、自分の人格や治療者としての適性に問題があると思うのなら、それは勘違いだ。

だけど、わかる。わかるよ。

中断したときは、自分の人格に決定的な問題がある気がするものだ。それだけ、君が真剣にクライエントのことを考えていたってことだと思う。でも、実を言うと、ここには罠がある。心理療法の訓練に潜む罠だ。君にだけはコソッと教えてあげたい。

心理療法とは、自分の心を使って、他者の心と付き合う仕事だ。だから、うまくいかないと自分の心の問題ではないかと思ってしまいがちだ。もちろん、そういう部分もあるよ。私たちにはふつうにちゃんと聞ける話と、どうにも聞くのに抵抗がある話がある。その抵抗については、自分の心を見つめ直して、聞ける話を増やしていくのは大事なことだ。

問題は、訓練する側がそのメカニズムをうまく使って、過剰に君の心を問題にすることだ。少なくとも、そういう雰囲気を醸し出す。そうしておけば、いつだって悪いのは訓練を受けている側で、訓練する側の問題はなかったことになるし、そもそもそこで教えられている心理療法の限界とか欠点については見ないで済むからだ。

いずれにせよ、中断によって、自分の人格では心理療法家になれないのではないかと思っているなら、それは勘違いだ、ともう一度言っておく。

心理療法は魔法じゃない。ちゃんと勉強して、経験を積めば、きちんと身につく技術だ。必要なのは深い魂じゃなくて、専門的な理解と技法だ。もちろん、超絶凄い治療者になれるかどうかはわからないけど、「ふつうの心理療法家」にはなれる。私が保証する。

少なくとも、今までの人生で一人でもきちんと友達を作れたことがあれば、それは可能だ。つまり、ふつうの人間関係をもてる人であるならば、あとは技術を身につけることができれば心理療法家になれる。その理由については、あとで言う。

第五条　少ないケースしかないことそのものが不健康だ

あと、付け加えておくと、経験上、担当しているケースが少ないと、私たちは一つひとつの中断で非現実的になってしまいやすい。反省することもできないくらいに傷つきすぎるのだ。

スーパーヴィジョンに出すケースもなくなっちゃうし、自分のスケジュールが空白になって周りの目も気になるし、なによりもその人のことだけを懸命に考えていたわけだから、なんだか自分自身まで空っぽになってしまったような気がしてしまう。

そういう意味では、初心者というのは不健康な時期なのだと思う。仕事として大量のケースに対応するようになると、そのあたりの感覚は変わってくる。もうちょっと現実的になれる。

第六条　とりあえず、寝よう

とはいえ、中断したら傷つくのは仕方がないので、とりあえず寝よう。

これは中断に限らず、メンタルヘルスの大原則だ。悪しき思考が頭の中でグルグルするときは、寝るに限る。時間が経つといろいろなことがはっきりするから、時間が過ぎるのを待つ。そのためには寝るのが一番だ。なので、今はとりあえず寝てください。起きたら、もうちょっと生産的な話をしようと思う。

おやすみなさい。

第七条　私たちは傷つけてしまうこともある

おはよう。ちょっとは落ち着いたかな。そしたら、大切な話があるから、聞いてほしい。

今、君は、中断したケースのことで、いろいろと自分が的外れなことをしたのを思い出しているかもしれない。それはたぶん、間違っていない。君は的外れなことを言ったり、肝心なことを言わなかったりしたはずだ。

君はきっとクライエントを傷つけたのだと思う。だから、ケースは中断した。それは事実なのだろう。そして、そのことに君も気がついているから、自分のことを心理療法家失格だと思い、なんなら消えてしまいたいとすら思っているのだと思う。人を傷つけたことに、君は傷ついている。
だけど、覚えておいてほしい。

私たちは人を傷つけてしまうことがある。

人と人とが一緒に居るならば、どうしても互いを傷つけてしまう局面がある。誰かを傷つけたことをもって人間失格であるとするのであれば、人は人と一緒に居られなくなる。

今の君には飲み込みにくいかもしれない。一般論としてはそうだとしても、プロなんだから、仕事中に人を傷つけるなんて論外だ。きっと、君の心にはそういう声が響いていると思う。

それはそうだ。私も心の底からそう思う。私たちはなによりもまず安全を提供しないといけない。これ以上傷つけないこと、それは本当に大事なことだ。

だけど、同時に、私たちの仕事は心の傷に触れることでもある。安全な距離をとることだけに腐心していては、治療者としては十分ではない。傷に手を当て、傷について話し合う。それが仕事だ。そして、心の傷に触れようとするならば、どんなに丁寧に、どんなに安全に触れようとしても、私たちはどこかでミスをして、頓珍漢な理解をしていて、あるいはなすべきことをなそうとするがあまりに目の前の心を見失い、相手を傷つけてしまうときがある。傷ついた心と本気で関わるって、そういうことなのだ。私たちは難しい仕事をしている。

忘れないでほしいのだ。君はこの仕事をまじめにやろうとしていて、だからこそ中断に傷ついているわけで、悪意があったわけではないはずだ。君は人を傷つけた。だけど、それは君が未熟であったことは意味しているにしても、それをもって君が極悪人だったということにはならない。

人が生きていくのは大変だ。私たちはときどき大切な人のことを傷つけてしまう。あるいは、ときどき大切な人に傷つけられる。それでも、その人と一緒にやっていくことはできる。いや、できないときもある。でも、できるときもある。

自分の何が相手を傷つけてしまったのか、なぜそうなってしまったのか、どうしたらこれからは傷つけないようにできるのか、そういうことを話し合えるならば、もう一度一緒に居られるようになる。傷つけることもあるけど、修復することもできる。それでも付き合っていけるとき「も」あるのが人間だ。

心理療法とはまさにそういう営みだったはずだ。傷ついたこと、傷つけたこと、傷つけられたことをめぐって、話し合い続ける営みだ。そのために、フロイトは「転移」について考えるようになったのだし、クライエントは勇気を出して君に「傷ついた」と言っていたのだ。そう、中断という形で。

第八条　君はクライエントに必要とされてもいた、はずだ

もうひとつ、君が忘れてはいけないことがある。中断したときには見失いがちになるのだけど、そのケースで君がクライエントの役に立っていた部分も存在していたことだ。

これは本当に大事なことだ。中断してしまうと、自分がいかに役に立たなかったのかということばかりに目が行き、クライエントが自分に向けていた悪い感情ばかりに目が行きがちだ。ほのめかされていた不満や、漏れ出していた怒りばかりが思い出される。いわゆる、陰性転移というやつだ。当然だ。中断というネガティブな事態を目の当たりにしているのだから、悪い方ばかりが見えてくる。もちろん、その声はきちんと聞かねばならない。

だからこそ、同時に君がきちんと見ておかないといけないのは、そのケースでクライエントが君を必要としていた部分であり、君がそれに応えていた部分だ。そこには陽性

転移もあったことだ。だって、そうじゃないか？　そういうものがなければ、そもそもクライエントが君のところに通い続けることはなかったはずだ。

君はクライエントに頼られて「も」いた。少なくとも、クライエントの何かを満たしてはいた。君とクライエントの間には、善きつながり「も」あった、はずだ。その何かを見失ってはいけない。それこそが、その人の絶望に点滅していたかすかな希望であったからだ。

いや、言い過ぎている。たしかにひとつも役に立てなかったケースがないとはいえない。何も良きものがなく、希望を摘むだけになったケースというものもあるにはある。そういう現実は存在する。

それでも、君にはクライエントに必要とされていた部分がなかったか考えてほしい。中断を前にしたときに、一番見えなくなってしまう現実がこれだからだ。

第九条　すでに心理療法家であったこと

ここまでで、私が何を言いたかったかというと、初心者は恒常的な危機にあるということだ。なぜかというと、初心者とは「心理療法家未満」であると自分のことを位置づけている人であるからだ。

だから、初心者は自分を責めやすい。構造的に自分の至らない点ばかりが見えやすい。そして、先生も成長してほしいと思うから、君の未熟な点を指摘しがちだ。だから、心理療法家として足りない自分ばかりが見えてしまう。中断とは、まさにそういう「未満」な自分が顕在化してしまう局面なのだ。

でも、だからこそ、君に見つけてほしいのは、自分が「すでに心理療法家であったこと」だ。

そう、君は自分を「心理療法家未満」と位置づけているけれども、実際にはクライエントにとって、心理療法家として機能していた君もいたはずだ。ここが重要だ。そのことに気がつけたとき、君は初心者というステージを抜けて、次の段階へと足を踏み入れる。現実の心理療法を知る。


もう少し説明しよう。心理療法は一見、魔法のように見える。心という形のないものを扱うから、どうしていれば心理療法になっていて、どうしているとそうじゃないかが、わかりづらい。というか、初心者はそういうことについて自分の判断を信じることができない。初心者であるからだ。ここに初心者の絶望的なトートロジーがある。

すると、教科書に載っているようなきちんとしたケースだけが、あるいは先生が語るちゃんと展開したケースだけが、「本当の心理療法」であるように思いがちになる。

このとき、初心者には心理療法とか心理療法家に対する理想化が起きている。君は心理療法を何かすごいものだと捉えてしまう。もちろん、それは大事なことでもある。理想化がなければ、成長はない。もしかしたら、そもそもこの職業を選ばなかったかもしれない。

だけど、同時に重要なのは、理想化が起きているとき、自分自身に対する脱価値化、つまり自分への軽蔑が起きることだ。善きものはすべて外にあり、自分は悪しきものを引き受ける。初心者はこうして、自分をダメな人間だと思いやすい。これこそが初心者の直面しているクライシスだ。

でも、本当は違う。心理療法は魔法ではなく、技術だからだ。心理療法は心理学的にアセスメントをして、そして心理学的に介入することの地道な積み重ねだ。心理療法とはマジカルなまでに磨き上げられた治療者の人格が、クライエントとマジカルな関係性を結ぶという類のものではない。ふつうの人がふつうに他者と関わる。このふつうのつながりの上に、心理学的理解と技術がのっかったものが心理療法だ。私は心の底からそう思っている。

だから、発見すべきは、「心理療法家未満」だと思っていた自分が、実は「すでに心理療法家であったこと」だ。魔法のような心理療法ではなく、ゴワゴワしていて、スムーズにいかず、それでもなんとかかんとか進んでいく、ありふれた心理療法。その基盤になっているのは、君とクライエントのあいだに存在していたふつうのつながりだ。

話をする場所がある。それを聞く人が居る。そういうごくごく平凡なつながりに、心理療法の始原がある。どんなに素人臭くても、これを提供することから心理療法家の仕事が始まる。

これが見えると良い。君が果たしていた「ふつうの心理療法家」としての役割を見つけることができたなら、理想化と脱価値化を超えて、現実的な心理療法が見えてくる。すでに心理療法家であった自分が見えてくる。

中断に直面した君は、今はそう思えないかもしれない。だけど、いつかそういう風に思えるときがくる。そういうことはクライエントたちがきっと教えてくれる。

「君は心理療法家であった」

このメッセージを、きちんと受け取れたときに、君は初心者から心理療法家のはしくれへと歩を進める。

第十条　人のカゲグチを言うのをやめよう

あれ？　十カ条になるはずが九カ条で終わってしまった。どうしよう、おさまりが悪いな。

そうだ、じゃあ、ついでにもうひとつ、初心者のための極意を付け加えておこう。

人のカゲグチを言うのはやめよう。

心理療法家というのは嫉妬深い生き物で、「あいつは臨床ができない」と陰で言うのが好きだ（私も好きだ、楽しいよね）。そう言っていると、自分が善き治療者であるかのような感じがしてくるからだ。

カゲグチは偉い先生同士でも言い合っているし、初心者同士でも言い合っている。でも、そういうことを言えば言うほど、誰かが脱価値化されて、心理療法は理想化されてしまう。

繰り返そう。私たちは魔法ではなく、心理療法をやっている。それは現実的なものだから、うまくいくときもあれば、残念ながらどうしてもうまくいかないときもある。でも、うまくいかないケースにもうまくいっている部分があるし、逆もまたしかり。

複雑なのだ、心理療法は。だから、「あいつは臨床ができない」と普段誰かを一刀両断にしていると、結局中断したときに自分の首を絞める。今度は自分で自分を一刀両断にすることになる。

カゲグチを言うのではなく、ふつうの友達付き合いをすることをお勧めする。お互いに認め合えて、わざわざ外に軽蔑する対象をもつ必要のない友達がいるのが一番だ。結局のところ、この仕事を続ける上で大切なのは、そういう友達だ。年をとればとるほど痛感する。

＊

さあ、以上が中断十カ条。心の片隅にでも置いておいてほしい。

心理療法家になるのは大変だし、なったところで今の君と同じように大変な思いをたくさんする。社会的にも、経済的にも、さまざまな困難がある仕事だ。

でもね、私は本当に思うのだけど、心理療法はいい仕事だ。少なくとも二人が会っている時間には、君にしかできないことがある仕事だ。世の中には案外、そういう仕事は多くない。

だから、頑張ってほしい。

君がこの危機を何とか乗り越えられることを祈っている。

それじゃあ、今日も早く寝るんだよ。

敬具

追伸　言い忘れたけど、ご飯もちゃんと食べなよ。つらいときはウナギがいい。元気が出ますよ。

初出＝東畑開人（二〇一九）「ケースが中断したばかりで傷ついている初心者のための十カ条」『臨床心理学』一九－三、二六九－二七三頁

あとがき——小さなフォントで

エピグラフに掲げた文章は『治療文化論』という小さな本の一節だ。二〇二二年に世を去った精神科医・中井久夫の代表作である。学生だった頃から、私はこの本を幾度も読み返してきた。

病むことと癒されることが文化的な営みであること、心が社会構造に宿る諸力によってかたちづくられるものであること、そして歴史のパースペクティブのもとで見るならば、専門家の背後には傷ついた素人、回復した素人、そして癒す素人が蠢《うごめ》いていること。

中井久夫は臨床を社会的で、歴史的で、文学的な光で照らす。心の臨床を生物学や心理学の独占から解き放ち、人文的で、社会科学的な思索に開かれた人間的営みとして見ようとする。この想像力に、私は魅入られてきたのである。

心の臨床をめぐる数えきれないほどのアイディアが詰まった小さな本。そのオマージュとして、「ふつうの相談」論文は書かれた。いや、端的に模倣した、と言った方がいいのかもしれない。私が真似たのは、『治療文化論』にあった視座やテーマ、モチーフだけではなく、なによりもその書き方であったからだ。

そう、本文と本文のあいだに、小さなフォントで断片的省察を挟み込むスタイルのことだ。

＊

最初に『治療文化論』を読んだときには、ふしぎな書き方だと思ったたし、読みづらさすら感じた。ストーリーを追いかけたいのに、話は次々と脱線し、分裂していくからだ。だけど、実際にそのようなスタイルで書いてみてわかったのは、これが臨床的思索を具現化した書き方であったことだ。

心理療法にも本文がある。クライエントが語る言葉と治療者が語る言葉だ。心理療法をドキュメンタリーとして撮影するならば、これら二つの語りの掛け合いや応酬によって進行する作品となるだろう。

しかし、本当のところ、心理療法を描くためには、ドキュメンタリーよりも漫画の方が向いている。音声となった言葉たちの裏で、膨大なもの思いや雑感が泡《あぶく》のように浮遊しているのが心理療法である。クライエントも治療者も音声にしなかった／ならなかった言葉たちを抱えている。漫画ならば、これらの泡を点線の吹き出しにして自在に描くことができる。

私たちは本文で記述される物語を辿りながらも、千々に乱れる連想を漂わせ、内心でゆるい疑いを抱いたり、ツッコミを入れたりする。考察や発見が泡のように浮かんでは消える。臨床の中でものを考えるとはそういうことだ。

中井久夫もまた、そういう連想的で、断片的な治療者だったはずだ。彼の本や論文を読むとそう思う。目の前の患者が語っていること、振る舞っていることから、世界史的事件を思い出したり、地理学的風景を想起したり、文学作品の一コマを連想したりする。

診察室の蛍光灯の下にいると、人は「患者」に見えるけども、さまざまな角度から、さまざまな光源のスポットライトを当てると、「患者」の周りには複数の長い影が伸びる。この長い影に「人間」が映し出される。その人がある社会、ある文化、ある経済的・政治的条件のもとで生活し、人生を歩んでいるところが、わずかばかりであるにせよ、見える。そのような生のリアリティをそのまま書こうとしたのが、中井久夫の小さなフォントであったと私は思う。

臨床とは分裂的であり、断片的な営みである。そこにあるのは首尾一貫した力強いストーリーではなく、泡のように漂う切片化した風景である。だけど、それらの断片は時間の流れの中で、治療関係という長い付き合いの中で、ふんわりとしたまとまりを帯びてもいる。あとから振り返れば、そこには確かに物語があったことがわかる。

大きなフォントと小さなフォント、これら二つの声によって織りなされるのが臨床的リアリティなのである。

＊

臨床のための知の次元でも同じことが言える。私たちの知にも大きなフォントと小さなフォントがある。「ふつうの相談」がそれを開示してくれる。

これを描き出すために、私が呈示したのは「世間知」と「現場知」というアイディアであった（とりわけ、後者によって営まれる「ふつうの相談C」は本論文で新たに光を当てたものだと思う）。この小さなフォントで書かれた二つの知が、大きなフォントで記された「学派知」に対して、ツッコミを入れ、省察を迫る。解毒する。

近所の町医者のことを思い浮かべるとよい。その人は大きなフォントの医学理論によって診断をし、治療方針を立てるが、同時にあなたの家庭のことや仕事のことに配慮しながら（つまり、熟知性を発揮して）、処方を行い、「一緒に様子を見ましょう、また来てください」と声をかける。これが「ふつうの相談」だ。

医学は小さなフォントを適切に挟み込むことで医療になる。あらゆる理論と臨床がそのような関係にある。大きなフォントによって滅菌された理論的構築物は、小さなフォントを挟み込むことで雑多な現実にアジャストするものとなるのである。

だから、論文の最後で「球体の臨床学」という構想を示したが、これは従来の学的体系に取って代わるべきものではない。臨床心理学は今後も心理学（力動的心理学にせよ実証的心理学にせよ）を基礎理論とするだろうし、医学は生物学に拠って立つことをやめないだろう。

それでいい。専門家にはオフィシャルな学派知が必要なのだ。そのような学的体系を失っては、私たちの専門性を維持することはできない。私たちが硬い教科書とカリキュラムと専門雑誌を投げ捨てることはないだろう。

だけど、それ「だけ」では十分ではない。大きなフォントの本文だけでは、臨床はラディカルになりすぎる。生活人として暮らし、ときに実存的に人生を歩む「人間」のものではなくなってしまう。

臨床学「も」必要なのである。それはすべての臨床家たちがすでに抱いている暗黙知の集合体だ。いまだきちんとした言葉にはなっていないけれど、この社会を生きて、現場での経験を積み重ねることで身についた、世間知と現場知の塊だ。この小さなフォントが本文にツッコミを入れ、臨床を社会的なものに、人文的なものに、人間的なものにしてくれる。

臨床学とはオルタナティブな知である。アカデミアが生産するオフィシャルな知を、現場の経験から補完し、ツッコミを入れ、対話をもたらす、もうひとつの知である。

これらの両者が揃ってはじめて、臨床は現実に棲まうものになる。この省察的な構造を端的に表しているのが「ふつうの相談」だったのである。

＊

最後に謝辞を。

二〇二二年の春に大学を辞めて、町の心理士として生計を立てるようになってからの一年、私は論文を書くことに注力することになった。それまではどちらかというと一般書を書くことに重きを置いていたが、大学を離れたからこそ、ネジを巻き直す必要があった。もう一度学問と向き合わねばならないと思ったのだ。
そのために助けになったのは三つの研究会と三人の友人であった。これらがこの論文の原材料の仕入れ元である。

三つの研究会のうちのひとつ目は、慶應義塾大学で開かれていた北中淳子教授の大学院ゼミである。大学院生や海外からの研究員たちが参加するこのゼミに、私は毎週通った。医療人類学の古典となる文献を読み、北中先生からその思想や方法について解説を受ける。そして、その文献がもつ現代的意義についてみんなで議論する。学問の素晴らしさを実感する時間だった。北中先生には日ごろから多くの人類学的な刺激をもらっていて、この論文についても示唆に富むコメントをいただいた。ゼミの皆さんと先生に感謝したい。

次に、東京大学履修証明プログラム「職域・地域架橋型―価値に基づく支援者育成」、通称「TICPOC」である。そこには、対人支援の専門家だけではなく、社会学者や人類学者、哲学者、そしてさまざまな問題の当事者が講師として参加していた。また受講者も、心理士、医師や看護師、ソーシャルワーカーなどのさまざまな対人援助職だけではなく、当事者やピアスタッフと多岐にわたっており、そこでは学際的で越境的な対人支援知が議論されていた。

私は当初から講師として参加させてもらっていて、「ふつうの相談」について最初に発表したのもTICPOCであった。熱い議論を行ってくれたプログラムの参加者たちと、総括コーディネーターであり、日ごろからさまざまなご助言をいただいている東京大学教授・笠井清登先生に感謝したい。また、北中先生と笠井先生との縁から、この論文は科研費（JP21H05174）の支援を受けたことを付記しておく。

最後に「ありふれた臨床研究会」である。これは後述する山崎氏と共に私が二〇二二年に始めたもので、さまざまな現場で働く心理士たちがオンラインで参加し、現場の臨床についてのエスノグラフィを発表し、討論する研究会である。本論文の現場知というアイディアは、この研究会での議論に触発された部分が大きい。参加してくれた現場の心理士たちに深く感謝したい。

＊

それから、東京に来てからできた、三人の友人について。

精神科医で社会精神医学者である熊倉陽介氏から受けた影響はきわめて大きい。どうしても「心」の問題にとじこもりがちな私に対して、熊倉氏は「社会」の観点からの批判を投げかけ、私をその外へと引っ張り出そうとしてくれた。そしてまた、心理士と精神科医という立場や職能の違いを超えて、心の臨床家として共通するエートスを知ったのも、彼との議論を通じてである。

〈ふつうの相談〉という私の臨床は、心理士で精神分析的心理療法家の山崎孝明氏からの影響を抜きにしてはありえなかったものだ。同じような現場で仕事をする臨床仲間である山崎氏との、「心」をいかに見て、いかに扱うかをめぐる議論がこの論文の臨床的リアリティの多くを支えている。また、『精神分析的サポーティブセラピー（POST）入門』という論文集に「ふつうの相談」論を依頼してくれたのも彼であった。その依頼がなければ、この論文の構想は生まれなかった。結局、論文集に収録できず、別の論文に差し替えることを許してくれたことも含めて、ここに感謝を記したい。

そして、金剛出版の編集者・藤井裕二氏に感謝せねばならない。ここ数年、私たちはいろいろなところに一緒に出掛け、何度も食事を共にした。そうする中で、藤井氏は臨床心理学やメンタルヘルスケアの現代的思潮を私に教えてくれた。それだけではない。ここ数年で書いた論文のほとんどは、藤井氏が丁寧に読んでくれて、的確なアドバイスをくれたことで成り立っているものである。書き始めると、文章の森の中で迷子になり、自分がどこにいて、どこに向かっているのかわからなくなってしまう私にとって、藤井氏のサポートはほとんど「介護」と言ってもいいような、論文の生存を支えるものであった。この論文もそうやってかろうじて生き残ったものである。

この論文は、彼らとの間で無限に交わされた悩み相談、雑談、世間話、打ち明け話――つまり「ふつうの相談」の産物であったということだ。

加えて、論文を書き終えたあと、本にする段階でも、多くの人にお世話になった。立命館大学大学院所属の勝又栄政氏には「中断十カ条」を心理療法のユーザーの視点から読んでもらい、大変有益なアドバイスをいただいた。『居るのはつらいよ』のときにもお世話になったオフィスキントンの加藤愛子さんには今回の本の装丁をお引き受けいただいた。そしてHITOさんには素晴らしい装画をお描きいただき、中尾悠さんには私のヘタな図を見事なイラストにしていただいた。伏して感謝したい。

*

というわけで、そろそろ終わりにしよう。

書き切れなかったことはたくさんあるし、議論が不十分なままに留まっているところも多いとは思う。これから、読者たちとそのような点について、議論を継続していくことができればと願っている。

まえがきに書いたように、私なりに手応えはあった。小さなフォントが、臨床心理学を囲っている硬い壁を削り、わずかばかりかもしれないけれど、穴が空いたように思った。そこからは「ふつうの相談」の大草原が見えたはずだ、あるいは多様な対人支援の専門家と当事者、そして人文社会科学者たちが自由に交流できる球体が垣間見えたはずだ。

いや、いつもの出版前空想なのかもしれない。頭に血が上っていると言われるのならば、たぶん、そうだ。

それでも、一つだけ書き残しておきたいのは、ようやく臨床心理学と医療人類学をブリコラージュした論文が書けたと思えたことだ。この二つの学問には水と油のようなところがある。心と社会という別の次元を問題としているからだ。これらを接合することを、私は若い頃からずっと課題にしてきた。

今になって思うのは、そのためには臨床経験が必要だったことだ。心と社会は理論的に考えると別次元に分かれてしまうが、実際には、人間はその両方を同時に生きていて、その中で病んだり、苦悩したり、回復したりしているのである。臨床が教えてくれたのはそういう生の事実だ。だから、そのような人間のありようをそのまま書くための臨床的文体が水と油を一緒に容れておくために不可欠だった。

大学院生の頃の私は、そういう臨床的な書き方に憧れてはいたけれど、自分には到底不可能だと思っていた。そういうことができるタイプの人間ではないと思っていた。だから、紆余曲折を経て、臨床を生業とする職業人として四十歳を迎えた年に、小さなフォントが混じったこの論文を書き終えることができたのは、やはり嬉しいことだった。

一日の仕事が始まる前、高輪のカウンセリングオフィスにて

東畑開人

二〇二三年四月

における精神医療改革運動と反精神医学」、『Core ethics』6、1-11頁／日本臨床心理学会（1979）『心理テスト――その虚構と現実』、現代書館／日本臨床心理学会（1985）『心理治療を問う』、現代書館

102 Foucault, M.（2004）Sécurité, territoire, population : Cours au Collège de France（1977-1978）. Gallimard & Seuil.（高桑和巳＝訳（2007）『安全・領土・人口』、筑摩書房）

103 たとえば、Walters（2012）Governmentality : Critical Encounters. Routledge.（阿部潔・清水知子・成実弘至・小笠原博毅＝訳（2016）『統治性――フーコーをめぐる批判的な出会い』、月曜社）、Rose, N.（1990）Governing the Soul : The Shaping of the Private Self. Routledge.（堀内進之介・神代健彦＝訳（2016）『魂を統治する――私的な自己の形成』、以文社）も参照。

104 松本俊彦（2018）『薬物依存症』、筑摩書房［ちくま新書］／松本俊彦（2021）『誰がために医師はいる――クスリとヒトの現代論』、みすず書房

105 Winnicott, D.W.（1965）The Maturational Processes and the Facilitating Environment : Studies in the Theory of Emotional Development. Hogarth Press.（牛島定信＝訳（1977）『情緒発達の精神分析理論』、岩崎学術出版社）

106 東畑（2019）

107 Kleinman（1980［2021］）

108 Duncan, W.（2018）Transforming Therapy : Mental Health Practice and Cultural Change in Mexico. Vanderbilt University Press.

109 Zhang, L.（2020）Anxious China. University of California Press.

110 Bhaba, H.K.（1994）The Location of Culture. Routledge.（本橋哲也ほか＝訳（2005）『文化の場所――ポストコロニアリズムの位相』、法政大学出版局）／Said, E.W.（1993）Culture and Imperialism. Chatto & Windus.（大橋洋一＝訳（1998/2001）『文化と帝国主義［1・2］』、みすず書房）／Spivak, G.（1999）A Critique of Postcolonial Reasont. Harvard University Press.（上村忠男・本橋哲也＝訳（2003）『ポストコロニアル理性批判』、月曜社）

111 岩壁ほか（2023）

112 中村雄二郎（1992）『臨床の知とは何か』、岩波書店［岩波新書］

113 河合隼雄（2003）『臨床心理学ノート』、金剛出版

114 大塚義孝（2004）「臨床心理学の成立と展開2――臨床心理学の歴史」、大塚義孝＝編『臨床心理学原論』、誠信書房、107-147頁

115 笠井清登＝責任編集、熊谷晋一郎・宮本有紀・東畑開人・熊倉陽介＝編著（2023）『こころの支援と社会モデル――トラウマインフォームドケア・組織変革・共同創造』、金剛出版

116 Polanyi, M.（1966）The Tacit Dimension. University of Chicago Press.（高橋勇夫＝訳（2003）『暗黙知の次元』、筑摩書房［ちくま学芸文庫］）

117 笠井ほか（2023）

losophy of Cognitive-Behavioural Therapy（CBT）: Stoic Philosophy as Rational and Cognitive Psychotherapy. 2nd Ed. Routledge.（東畑開人・藤井翔太＝監訳（2022）『認知行動療法の哲学――ストア派と哲学的治療の系譜』、金剛出版）

69 東畑（2017）

70 東畑（2015）

71 東畑（2023）

72 東畑（2015）

73 Kant, I.（1798）Anthropologie in pragmatischer Hinsicht.（渋谷治美＝訳（2017）『カント全集15――人間学』、岩波書店）

74 中井（2001）

75 斎藤環・東畑開人（2023）「文化と臨床――あるいは中井久夫の原理主義なき継承のために」、『現代思想 総特集＝中井久夫 1934-2022』（2022年12月臨時増刊号）、99-117頁

76 飯村周平（2023）『HSPブームの功罪を問う』、岩波書店

77 東畑（2022a）

78 中井（2001）

79 Kant, I.（1798［2017］）／Foucault, M.（2008）Introduction à l'anthropologie de Kant. J. Vrin.（王寺賢太＝訳（2010）『カントの人間学』、新潮社）も参照。

80 中村雄二郎（2000）『共通感覚論』、岩波書店［岩波現代文庫］

81 Bruner, J.（1990）Acts of Meaning. Harvard University Press.（岡本夏木・仲渡一美・吉村啓子＝訳（2016）『意味の復権［新装版］――フォークサイコロジーに向けて』、ミネルヴァ書房、50頁）

82 Bruner（1990［2016］）

83 東畑（2022b）／東畑（2023）

84 東畑（2023）

85 熊谷晋一郎（2020）『当事者研究――等身大の〈わたし〉の発見と回復』、岩波書店

86 朝井リョウ（2021）『正欲』、新潮社［文庫版（2023）］

87 Beck, U.（1986）Risikogesellschaft : Auf dem Weg in eine andere Moderne. Suhrkamp.（東廉・伊藤美登里＝訳（1998）『危険社会――新しい近代への道』、法政大学出版局）

88 たとえば、松木（2021）を参照。

89 北中淳子（2016）「精神医学における主体化――精神療法とバイオロジーの人類学」、鈴木晃仁・北中淳子＝編『精神医学の歴史と人類学』、東京大学出版会、161-193頁

90 東畑（2015）

91 東畑（2020）

92 東畑（2015）

93 たとえば、Geertz, C.（1983）Local Knowledge : Further Essays in Interpretive Anthropology. Basic Books.（梶原景昭ほか＝訳（1991）『ローカル・ノレッジ――解釈人類学論集』、岩波書店）を参照。

94 Goffman, E.（1961）Asylums. Doubleday & Company.（石黒毅＝訳（1984）『アサイラム』、誠信書房）

95 有薗真代（2017）『ハンセン病療養所を生きる――隔離壁を砦に』、世界思想社

96 河村裕樹（2022）『心の臨床実践――精神医療の社会学』、ナカニシヤ出版

97 櫛原克也（2022）『メンタルクリニックの社会学――雑居する精神医療とこころを診てもらう人々』、青土社

98 東畑（2022a）

99 岩壁茂ほか＝編（2023）『臨床心理学スタンダードテキスト』、金剛出版

100 東畑開人（2022c）『なんでも見つかる夜に、こころだけが見つからない』、新潮社

101 阿部あかね（2010）「1970年代日本

48 岩倉ほか（2023）
49 Pinsker（1997［2011］）
50 笠原（2007）
51 村瀬嘉代子・青木省三（2014）『完全版 心理療法の基本――日常臨床のための提言』、金剛出版
52 Erikson, E.H.（1950）Childhood and Society. W.W. Norton.（仁科弥生＝訳（1977）『幼児期と社会［1］』、みすず書房）
53 東畑（2020）／東畑（2022b）
54 Lévi-Strauss, C.（1958）Anthropologie structurale. Plon.（荒川幾男・生松敬三・川田順造・佐々木明・田島節夫＝訳（1972）『構造人類学』、みすず書房）
55 森岡正芳・東畑開人＝編（2022）『心の治療を再考する――臨床知と人文知の接続』（『臨床心理学』増刊第14号）、金剛出版
56 江口（2019）／宮地尚子（2005）『トラウマの医療人類学』、みすず書房［新装版（2019）］／中井久夫（1999）『西欧精神医学背景史』、みすず書房［新装版（2015）］／中井久夫（2001）『治療文化論――精神医学的再構築の試み』、岩波書店［岩波現代文庫］／酒井明夫・宮西照夫・下地明友・江口重幸＝編（2001）『文化精神医学序説――病い・物語・民族誌』、金剛出版
57 Frank, J.D. and Frank, J.B.（1991）Persuation and Healing. 3rd Ed. Johns Hopkins University Press.（杉原保史＝監訳（2007）『説得と治療――心理療法の共通要因』、金剛出版）／日本心理療法統合学会＝監修、杉原保史・福島哲夫＝編（2021）『心理療法統合ハンドブック』、誠信書房）／Prochaska, J.O. and Norcross, J.C.（2007）Systems of Psychotherapy : A Transtheoretical Analysis. 6th Ed. Wadsworth.（津田彰・山崎久美子＝監訳（2010）『心理療法の諸システム［第6版］――多理論統合的分析』、金子書房）／Wachtel, P.L.（2013）Therapeutic Communication. 2nd Ed : Knowing What to Say When. Guilford.（杉原保史＝訳（2014）『心理療法家の言葉の技術［第2版］――治療的コミュニケーションをひらく』、金剛出版）
58 Kleinman, A.（1980）Patients and Healers in the Context of Culture. University of California Press.（大橋英寿・遠山宜哉・作道信介・川村邦光＝訳（2021）『臨床人類学――文化の中の描写と治療者』、河出書房新社）／Kleinman, A.（1988）The Illness Narratives : Suffering, Healing and the Human Condition. Basic Books.（江口重幸・五木田紳・上野豪志＝訳（1996）『病いの語り――慢性の病いをめぐる臨床人類学』、誠信書房）／Kleinman, A.（1988）Rethinking Psychiatry : From Cultural Category to Personal Experience. Free Press.（江口重幸・下地明友・堀有伸ほか＝訳（2012）『精神医学を再考する――疾患カテゴリーから個人的経験へ』、みすず書房）
59 Kleinman（1980［2021］）
60 Pinsker（1997［2011］）
61 東畑（2022a）
62 諸富祥彦（1997）『カール・ロジャーズ入門――自分が“自分”になるということ』、コスモスライブラリー
63 斎藤環（2015）『オープンダイアローグとは何か』、医学書院
64 Kleinman（1980［2021］）
65 東畑（2017）
66 Kleinman（1980［2021］）
67 東畑（2017）
68 Robertson, D.（2020）The Phi-

ery of Unconscious. Basic Books.（木村敏・中井久夫＝監訳（1980）『無意識の発見［上・下］』、弘文堂）
22 東畑開人（2015）『野の医者は笑う——心の治療とは何か』、誠信書房
23 氏原寛（2009）『カウンセリング実践史』、誠信書房
24 東畑（2020）
25 Young, A.（1976）Some implications of medical beliefs and practices for social anthropology. American Anthropologist 78-1 ; 5-24.
26 江口重幸（2019）『病いは物語である——文化精神医学という問い』、金剛出版
27 山崎孝明（2021）『精神分析の歩き方』、金剛出版
28 山口創生・松長麻美・種田綾乃（2018）「インフォームド・コンセントと共同意思決定」、『臨床精神医学』47-1、27-35頁
29 東畑開人（2022b）『聞く技術 聞いてもらう技術』、筑摩書房［ちくま新書］
30 森俊夫・黒沢幸子（2002）『〈森・黒沢のワークショップで学ぶ〉解決志向ブリーフセラピー』、ほんの森出版
31 河合隼雄（1970）『カウンセリングの実際問題』、誠信書房
32 岡野憲一郎（2002）『中立性と現実』、岩崎学術出版社
33 東畑開人（2023）「善き治療とは何か——あるいは、イワシの頭に癒されていいのか」、笠井清登＝責任編集、熊谷晋一郎・宮本有紀・東畑開人・熊倉陽介＝編著『こころの支援と社会モデル——トラウマインフォームドケア・組織変革・共同創造』、金剛出版、28-39頁
34 岡林春雄（1997）『心理教育』、金子書房
35 岡野憲一郎（2016）『臨床場面での自己開示と倫理——関係精神分析の展開』、岩崎学術出版社
36 河合（1970）
37 山崎正和（2006）『社交する人間——ホモ・ソシアビリス』、中央公論新社［中公文庫］
38 Bourdieu, P.（1979）La distinction : Critique sociale de jugement. Minuit.（石井洋二郎＝訳（1990）『ディスタンクシオン——社会的判断力批判［I・II］』、藤原書店）
39 岩倉（2013）
40 田嶌誠一（2009）『現実に介入しつつ心に関わる——多面的援助アプローチと臨床の知恵』、金剛出版
41 東畑開人（2019）『居るのはつらいよ——ケアとセラピーについての覚書』、医学書院
42 Pinsker（1997［2011］）／Winston, A., Rosenthal, R.N. and Pinsker, H.（2004）Introduction to Supportive Psychotherapy. American Psychiatric Publishing.（山藤奈穂子・佐々木千恵＝訳（2009）『支持的精神療法入門』、星和書店）
43 氏原（2009）
44 Ellenberger（1970［1980］）
45 松木邦裕（2021）『体系講義 対象関係論［上・下］』、岩崎学術出版社
46 河合隼雄（2008）『河合隼雄のスクールカウンセリング講演録』、創元社（國分功一郎（2017）『中動態の世界——意志と責任の考古学』、医学書院、およびそこで言及されている、Heidegger, M.（1993）Sein und Zeit. Max Niemeyer.（細谷貞雄＝訳（1994）『存在と時間［上・下］』、筑摩書房［ちくま学芸文庫］）も参照）
47 Maslow, A.H.（1954）Motivation and Personality. Harper & Row.（小口忠彦＝訳（1971）『人間性の心理学』、産業能率大学出版部）

註・文献

1 Davies, J.（2009）The Making of Psychotherapists : An Anthropological Analysis. Routledge.（東畑開人＝監訳（2018）『心理療法家の人類学——こころの専門家はいかにして作られるか』、誠信書房）

2 笠原嘉（2007）『精神科における予診・初診・初期治療』、星和書店

3 村瀬嘉代子（2001）『子どもと家族への統合的心理療法』、金剛出版

4 神田橋條治（1990）『精神療法面接のコツ』、岩崎学術出版社

5 成田善弘（2014）『新版 精神療法家の仕事——面接と面接者』、金剛出版

6 祖父江典人・細澤仁（2022）『日常臨床に活かす精神分析2——現場で起こるさまざまな連携』、誠信書房

7 東畑開人（2017）『日本のありふれた心理療法——ローカルな日常臨床のための心理学と医療人類学』、誠信書房

8 Freud, S.［Trans. by Strachey, J.］（1919/1955）Lines of advance in psycho-analytic therapy. In : Standard Edition 17. Hogarth Press, pp.159-168.（本間直樹＝訳（2010）「精神分析療法の道」、新宮一成・鷲田清一・道籏泰三ほか＝編『フロイト全集16——1916-19年』、岩波書店）

9 北山修（2011）『フロイトと日本人——往復書簡と精神分析への抵抗』、岩崎学術出版社

10 東畑（2017）

11 Pinsker, H.（1997）A Primer of Supportive Psychotherapy. The Analytic Press.（秋田恭子・池田政俊・重宗祥子＝訳（2011）『サポーティブ・サイコセラピー入門——力動的理解を日常臨床に活かすために』、岩崎学術出版社）

12 岩倉拓・関真粧美・山口貴史・山崎孝明・東畑開人（2023）『精神分析的サポーティブセラピー（POST）入門』、金剛出版［近刊］

13 Solomon, M.F., Neborsky, R.J., McCullough, L. et al.（2001）Short-Term Therapy for Long-Term Change. W.W. Norton.（妙木浩之・飯島典子＝監訳（2014）『短期力動療法入門』、金剛出版）

14 山崎孝明（2022）「精神分析の活用法」、『臨床心理学』22-5、539-544頁

15 東畑開人（2020）「平成のありふれた心理療法——社会論的転回序説」、森岡正芳＝編『治療は文化である——治癒と臨床の民族誌』（『臨床心理学』増刊第12号）、金剛出版、8-26頁／東畑開人（2022a）「反臨床心理学はどこへ消えた？——社会論的展開序説2」、森岡正芳・東畑開人＝編『心の治療を再考する——臨床知と人文知の接続』（『臨床心理学』増刊第14号）、金剛出版、9-29頁

16 James, W.（1909）A Pluralistic Universe. Longmans, Green.（吉田夏彦＝訳（2014）『多元的宇宙』、日本教文社）

17 Gay, P.（1988）Freud : A Life for Our Time. W.W. Norton.（鈴木晶＝訳（1997/2004）『フロイト［1・2］』、みすず書房）

18 東畑（2020）

19 岩倉拓（2013）「治療0期の耕しと治水」、乾吉佑＝編『心理臨床家の成長』、金剛出版、164-186頁

20 山崎孝明（2017）「日本精神分析学会における『見て見ぬふり』」、『精神分析研究』61-4、503-513頁

21 Ellenberger, H.（1970）The Discov-

東畑開人（とうはた・かいと）

一九八三年生まれ。専門は、臨床心理学・精神分析・医療人類学。京都大学教育学部卒業、京都大学大学院教育学研究科博士後期課程修了。精神科クリニックでの勤務、十文字学園女子大学で准教授として教鞭をとった後、白金高輪カウンセリングルーム主宰。博士（教育学）・臨床心理士・公認心理師。

二〇一三年、日本心理臨床学会奨励賞受賞。

二〇一九年、『居るのはつらいよ』で第一九回大佛次郎論壇賞受賞、紀伊國屋じんぶん大賞二〇二〇受賞。二〇二一年、多文化間精神医学会奨励賞受賞。

著書に『野の医者は笑う――心の治療とは何か？』（誠信書房［二〇一五］）、『日本のありふれた心理療法――ローカルな日常臨床のための心理学と医療人類学』（誠信書房［二〇一七］）、『居るのはつらいよ――ケアとセラピーについての覚書』（医学書院［二〇一九］）、『心はどこへ消えた？』（文藝春秋［二〇二一］）、『なんでも見つかる夜に、こころだけが見つからない』（新潮社［二〇二二］）、『聞く技術　聞いてもらう技術』（筑摩書房［二〇二二］）。監訳書にジェイムス・デイビス『心理療法家の人類学――こころの専門家はいかにして作られるか』（誠信書房［二〇一八］）、ドナルド・ロバートソン『認知行動療法の哲学――ストア派と哲学的治療の系譜』（金剛出版［二〇二二］）。

ふつうの相《そう》談《だん》

2023年8月30日　第1刷発行
2024年3月20日　第4刷発行

著者――東畑開人
発行者――立石正信
発行所――株式会社 金剛出版
〒112-0005 東京都文京区水道1-5-16
電話 03-3815-6661
振替 00120-6-34848

装丁◉加藤愛子（オフィスキントン）
装画◉HITO
本文イラスト◉中尾 悠
本文組版◉石倉康次
印刷・製本◉シナノ印刷

Printed in Japan ©2023　ISBN978-4-7724-1983-3 C0011